Henrike Rick (Hg.)
Mahatma Gandhi – Mein Glaube
ist Gewaltlosigkeit

topos taschenbücher, Band 1016
Eine Produktion des Matthias Grünewald Verlags

Henrike Rick (Hg.)

Mahatma Gandhi – Mein Glaube ist Gewaltlosigkeit

Aus dem Englischen übersetzt
von Henrike Rick

topos taschenbücher

Verlagsgemeinschaft topos plus
Butzon & Bercker, Kevelaer
Don Bosco, München
Echter, Würzburg
Lahn-Verlag, Kevelaer
Matthias Grünewald Verlag, Ostfildern
Paulusverlag, Freiburg (Schweiz)
Verlag Friedrich Pustet, Regensburg
Tyrolia, Innsbruck

Eine Initiative der
Verlagsgruppe engagement

www.topos-taschenbuecher.de

Bibliografische Information der Deutschen Nationalbibliothek
Die Deutsche Nationalbibliothek verzeichnet diese Publikation in der Deutschen Nationalbibliografie; detaillierte bibliografische Daten sind im Internet über http://dnb.d-nb.de abrufbar.

ISBN 978-3-8367-1016-9

2015 Verlagsgemeinschaft topos plus, Kevelaer

Einband- und Reihengestaltung: Finken & Bumiller, Stuttgart
Herstellung: Friedrich Pustet, Regensburg
Printed in Germany

Inhalt

Einführung ... 9

Erster Teil

I Das Grundprinzip
Wahrheit ... 39

II Die Mission
Gewaltlosigkeit ... 44

Zweiter Teil

I Die größere Wirklichkeit
Spirituelles Leben ... 53

II Der tragende Grund
Religionen ... 57

III Die endgültige Verwandlung
Tod und Unsterblichkeit ... 62

IV Die Waffe der Starken
Satyagraha ... 66

V Die letzte Waffe
Fasten ... 73
Rede am Vorabend des letzten Fastens ... 75

VI Das einfache Leben
Experimente im Alltag ... 80

VII Das Gesetz des Seins
Leben aus der Wahrheit 87

Dritter Teil

I Abschied vom Leser 101

II Ein Talisman 104

III Zeugnisse über Gandhi 105

Zeittafel 107

Quellennachweis 109

»Auge um Auge ist das sicherste Rezept,
um die ganze Welt blind zu machen.«

Einführung

Im Garten des Birla-House in New Delhi bilden Fußabdrücke den letzten Weg nach, den Mohandas Karamchand Gandhi am 30. Januar 1948 zu seiner allabendlichen Gebetsversammlung gegangen ist. Hunderte seiner Anhänger wurden Zeugen, wie der »Mahatma«, die »große Seele« Indiens, von einem Hindu-Fanatiker erschossen wurde. Eine Welle der Erschütterung breitete sich über Indien und die ganze Welt aus. »Er war nur ein alter Mann im Lendenschurz, weit weg in Indien. Doch als er starb, weinte die Menschheit«, schrieb Louis Fischer, Gandhis Biograph. Und der amerikanische Präsident Truman sagte: »Wieder ist ein großer Mensch gefallen, ein Streiter für Brüderlichkeit und Frieden.«

Schon zu Lebzeiten war Mahatma Gandhi eine Legende, und auch in den mehr als 60 Jahren seit seinem Tod ist die spirituell-prophetische Kraft seines Lebens und seiner Visionen lebendig geblieben, hat Menschen inspiriert und gesellschaftliche Veränderungen mitgestaltet.

Anfänge

Dabei hatte die berufliche Laufbahn von Mohandas Karamchand Gandhi nicht vielversprechend begonnen. Gandhi wurde 1869 in Gujarat, einer Provinz im Nordwesten Indiens, geboren. Sein Vater war Ministerpräsident des damaligen kleinen Fürstentums von Porbandar. Seine Eltern, insbesondere seine Mutter, prägten ihm eine tiefe Frömmigkeit und die Lebensmaxime unbedingter Aufrichtigkeit und Hingabe ein. Mohandas war ein mittelmäßiger Schüler, er galt als sensibel, schüchtern und als Einzelgänger. Er besuchte das College in Bombay, doch kehrte er nach einem Semester zurück, weil er sich einsam und fehl am Platz fühlte. Schließlich schickte ihn die Familie nach England, wo er zum Rechtsanwalt ausgebildet wurde. Nach Abschluss seines Studiums in London ließ sich der junge Rechtsanwalt zuerst in Bombay und später in Rajkot, unweit seiner Heimatstadt, nieder. Doch der berufliche Erfolg blieb aus. Gandhi war gehemmt und brachte wegen seiner Schüchternheit vor Gericht kaum ein Wort heraus. Er, der später mit seinen Reden Tausende in den Bann ziehen konnte, setzte sich nach den ersten Sätzen seiner Verteidigungsrede verwirrt hin und blieb stumm. So hielt er sich im heimatlichen Gujarat als Verfasser von Bittschriften für analphabetische Mandanten über Wasser. Schließlich eröffnete ihm das Angebot eines mit der Familie befreundeten Geschäftsmannes, als Rechtsbeistand für eine indische Firma nach Südafrika zu gehen, neue Perspektiven. Im Jahr 1893 schiffte sich Gandhi nach Südafrika ein. Sein Vertrag war auf ein Jahr befristet – aber er sollte 22 Jahre in Südafrika bleiben.

Schlüsselerlebnis Südafrika

Kurz nach seiner Ankunft in Durban wurde er mit dem Zug nach Pretoria geschickt, wo seine Firma einen Prozess führte. Selbstverständlich reiste er, gekleidet wie ein britischer Geschäftsmann, in einem Erste-Klasse-Abteil. In Pietermaritzburg stieg ein weißer Passagier zu, der heftig gegen die Anwesenheit eines »Farbigen« in der ersten Klasse protestierte. Als Gandhi sich unter Vorlage seines rechtmäßigen Fahrscheins weigerte, in die dritte Klasse umzusteigen, wurde er kurzerhand aus dem Zug geworfen. Diese Nacht, die er frierend auf dem Bahnsteig von Pietermaritzburg verbrachte, wurde zum Schlüsselerlebnis für sein späteres Wirken. Rückblickend schildert er in seiner Autobiographie, welche Gedanken ihn damals bewegten und wie diese Erfahrung in Südafrika die Grundlage für seinen Weg des gewaltlosen Widerstandes gelegt hat.

»Ich begann darüber nachzudenken, was ich tun müsse. Sollte ich für mein Recht kämpfen oder nach Indien zurückkehren? Es wäre Feigheit gewesen, nach Indien zurückzueilen, ohne meine Verpflichtung zu erfüllen. Die Peinlichkeit, der man mich ausgesetzt hatte, war oberflächlich nur ein Symptom für das tiefsitzende Übel des Vorurteils gegen die ›Farbigen‹. Ich sollte womöglich versuchen, dies Übel auszurotten und Unannehmlichkeiten im Prozess zu ertragen. Genugtuung für Unrecht sollte ich nur in dem Maß suchen, wie es nötig wäre zur Beseitigung des Farbigen-Vorurteils. So beschloss ich, den nächsten Zug nach Pretoria zu nehmen ... Mein erster Schritt war, eine Versammlung aller Inder in Pretoria einzuberufen und ihnen die Situation in Transvaal vor Augen zu stellen ... Meine Ansprache bei dieser Versammlung darf als erste öffentliche Ansprache in meinem Leben gelten. Ich war völlig Herr meines Themas ...

Kurzum, mein Aufenthalt in Pretoria gab mir Gelegenheit zu einem gründlichen Studium der sozialen, wirtschaftlichen und politischen Lage der Inder in Transvaal und im Oranje-Freistaat. Ich ahnte nicht, dass mir dieses Studium in der Zukunft von unschätzbarem Wert sein sollte. Denn ich hatte beabsichtigt, zu Ende des Jahres oder eher noch früher nach Hause zurückzukehren, falls der Prozess vor Jahresschluss beendet war. Doch Gott entschied anders.« (AB, S. 104 ff.)

Damit begann die politische Laufbahn von Mohandas Karamchand Gandhi. Er war erst 24 Jahre alt. Die Schüchternheit, die ihn am Gericht in Bombay geplagt hatte, war verschwunden. Gandhi hatte seine Berufung gefunden.

Erstes öffentliches Wirken

Im ausgehenden 19. Jahrhundert lebten rund 75 000 Inder in Südafrika. Sie waren als Vertragsarbeiter gekommen und geblieben, nachdem die Verträge ausgelaufen waren. Später folgten Händler und Gebildete aus anderen Berufen. Als die Bevölkerungsgruppe der Inder an Bedeutung wuchs, wurde sie von den Europäern immer stärker unterdrückt. An dieser Rassendiskriminierung entzündete sich Gandhis kämpferischer Geist. Mehr als 20 Jahre lang setzte er sich für die Rechte der Inder in Südafrika ein. Die »Kulis«, wie die indischen Gastarbeiter verächtlich genannt wurden, galten ebenso wie die schwarzen Südafrikaner als Menschen zweiter Klasse, deren Leben durch vielfältige Diskriminierung und eine Reihe schikanöser Gesetzgebungen geprägt war. Sein unbeirrbares Empfinden für Gerechtigkeit und Menschenwürde ließ Gandhi rasch zum Anführer einer Bewegung werden, die sich mit den Mitteln des gewaltlosen Widerstandes und des zivilen Ungehorsams politisch und gesellschaftlich Gehör verschaffte. Sie brachte sogar diskriminierende Gesetze – wie etwa ein Passgesetz – zu Fall. Körperliche Misshandlungen und immer wieder Gefängnisaufenthalte waren die Konsequenz dieses politischen Handelns. Der Begriff *Satyagraha* (wörtlich: Festhalten an der Wahrheit), der später zum Synonym für den gewaltlosen Widerstand wurde, ist in dieser Phase seines Lebens geprägt worden und hat hier seine inhaltliche Schärfung erhalten.

Die Zeit in Südafrika war auch das Experimentierfeld für Gandhis Versuche, zu einem einfachen Lebensstil im Einklang mit der Natur zu finden. Er gründete seinen ersten Ashram, eine halbmonastische Gemeinschaft, die zusammen lebt und arbeitet und ein gemeinsames Lebensziel verfolgt. Auf der Phönix-Farm wohnte er mit gleichgesinnten Menschen verschiedener Ethnien, Religionen und Klassen zusammen. Neben der landwirtschaftlichen Arbeit gab er von der Phönix-Farm aus seine erste Zeitschrift heraus, »Indian Opinion«, ein Sprachrohr für seine politischen, sozialen und ethischen Lebenskonzepte. Durch »Indian Opinion« wurde das Gedankengut Gandhis weit über Südafrika hinaus bis nach England und vor allem nach Indien hin bekannt. Sein Eintreten für die Inder in Südafrika brachte ihm auch in seinem Heimatland den Ruhm eines Freiheitskämpfers und heiligmäßigen Mannes ein.

Rückkehr nach Indien: Swaraj und Swadeshi

So kam es, dass Gandhi bei seiner Rückkehr nach Indien im Jahr 1915 begeistert gefeiert wurde. Aus Mohandas K. Gandhi war nun der *Mahatma* – die große Seele – geworden. Seine Freunde und treuesten Weggefährten jedoch nannten ihn ehrfürchtig-zärtlich *Bapu* – Väterchen.

Er ließ sich in Ahmedabad, der Hauptstadt der Provinz Gujarat, nieder und gründete den Sabarmati-Ashram. Von dort aus fing er an, sein Heimatland zu bereisen. Diese Reisen waren lang und strapaziös, denn der Mahatma hatte es sich zur

Regel gemacht, wie die einfachen Leute mit dem Zug dritter Klasse zu reisen – über viele Stunden in überfüllten Abteilen zusammengedrängt, in Dreck und Hitze, ohne jeden Komfort. Er wollte sehen, wie die Menschen leben, welche Sorgen sie bedrücken und welche Hoffnungen sie für die Zukunft haben. Besonders die bittere Armut in den Dörfern – und die große Mehrzahl der Inder lebte und lebt auf dem Land – erschütterte ihn zutiefst. In den ersten Jahren seit seiner Rückkehr nach Indien stand der Kampf gegen Armut und millionenfaches Elend im Mittelpunkt seines gesellschaftspolitischen Engagements. Erst einige Jahre später erwuchs daraus die Auseinandersetzung mit der britischen Herrschaft über Indien. *Swaraj*, politische Selbstbestimmung, wurde zum Schlüsselbegriff seines sozialen und politischen Handelns. *Swaraj* war das Aufbegehren gegen die englischen Großgrundbesitzer, die die einfachen Bauern gnadenlos ausbeuteten; der Kampf gegen den Import englischer Textilien, die den einheimischen Produzenten die Lebensgrundlage entzogen; der Kampf gegen die britische Steuerhoheit, der seinen Höhepunkt im legendären Salzmarsch 1930 (siehe unten) fand.

Gandhis Vision war die eines agrarisch geprägten Indien, in dessen Dörfern die Tradition des Spinnens wiederbelebt werden und zu einer Autarkie des einfachen Lebens beitragen sollte. Das Volk sollte von der Landwirtschaft leben, sich in handgesponnene, handgewebte Stoffe kleiden und dadurch unabhängig, ja immun werden gegenüber der Entfremdung durch die Moderne mit ihren Großindustrien und ihrer dekadenten Lebensweise. Das Spinnrad wurde zum Symbol für seine gesellschaftspolitische Vision. Spinnen gehörte für Gandhi und die Bewohner seines Ashram zur täglichen Pflicht, und Gandhi selbst wurde nicht müde, immer wieder alte und neue Techniken auszuprobieren, Spinnkurse zu initiieren und seine Anhänger mit der Lehre vom Spinnrad in die entlegensten Dörfer zu schicken. Seine eigene Kleidung wurde im Laufe der Jahre immer einfacher. War er zu Beginn seiner Anwaltstätigkeit in Südafrika noch im Stil eines englischen Gentlemans gekleidet, trug er schließlich nur noch ein schlichtes, handgewebtes Lendentuch als Symbol für *Swaraj* und *Swadeshi* (wörtlich: vom eigenen Land) für die politische und wirtschaftliche Selbstbestimmung Indiens. Spinnen als Mittel sozialer Reformen – das klingt aus unserer heutigen Perspektive naiv und unrealistisch. Auch schon Gandhis politische Mitstreiter, wie der spätere erste Premierminister des unabhängigen Indien, Jawaharlal Nehru, konnten sich dieser Idee mit ihrer impliziten Technik- und Modernismusfeindlichkeit nicht anschließen. Vom wirtschaftlichen Standpunkt aus betrachtet war die Idee der Dorf-Spinnereien unrealistisch. Die Wirklichkeit hat sie längst überholt. Indien ist den Weg der Großindustrien nach westlichem Vorbild gegangen und geht ihn weiter. Doch auch wenn diese Ideen schon zu Gandhis Lebzeiten als Utopie betrachtet wurden, war er doch in seinem politischen Handeln alles andere als ein Träumer.

Die Grundübel: Armut und Unberührbarkeit

Gandhi war überzeugt, dass seine persönliche Lebensgestaltung das wirkungsvollste Instrument im Kampf gegen die Missstände in der indischen Gesellschaft sei. »My life is my message« – »Mein Leben ist meine Botschaft« – diese Grundhaltung hat er in beeindruckender Konsequenz gelebt. Die Tatsache, dass Millionen Inder in extremer Armut leben, ließ auch ihn ein Leben in Einfachheit und Bedürfnislosigkeit wählen. Zugespitzt sprach er von einer Lebenshaltung des »Nicht-Stehlens«. »Nicht-Stehlen bedeutet, dass wir nicht Dinge ansammeln und benutzen, die wir nicht brauchen. Wenn ich nur ein Hemd brauche, um mich zu kleiden, aber zwei benutze, dann mache ich mich des Diebstahls an anderem Eigentum schuldig. Denn ein Hemd, das einem anderen von Nutzen sein könnte, gehört mir nicht. Wenn ich fünf Bananen brauche, um leistungsfähig zu sein, dann ist es Diebstahl, wenn ich eine sechste esse ... Solch unnötiger Verbrauch ist auch eine Verletzung der Grundhaltung der Gewaltlosigkeit. Wenn wir das Ideal des Nicht-Stehlens vor Augen haben und so unseren Gebrauch der Dinge reduzieren, dann werden wir immer großzügiger werden.« (SL, S. 28 f.) Radikal stellte der Mahatma denselben Anspruch an seine Anhänger, vor allem aber an seine Familie und die Bewohner seines Ashram. Das Leben im Ashram war geprägt von langen regelmäßigen Gebetszeiten, von körperlicher Arbeit und vom täglichen Pflichtpensum des Spinnens. Der Ashram war weitgehend auf Selbstversorgung angelegt und verlangte seinen Bewohnern ein hohes Maß an Verzicht und Einsatzbereitschaft ab.

Auch in einem weiteren zentralen Anliegen sollte der Ashram ein Zeichen setzen: im Kampf gegen das Übel der Unberührbarkeit im indischen Kastensystem. In Indien geboren zu werden bedeutet, Teil eines vom Hinduismus legitimierten Gesellschaftssystems zu sein, das die Menschen einer bestimmten Kaste zuordnet. Das Kastenwesen vertritt keine Glaubensinhalte, keine Gottesvorstellung und auch keine ethische Ordnung. Es ist eine relativ starre Sozialordnung nach Ständen und Berufen, die jedoch oft idealisiert wurde. Tatsächlich aber dient sie häufig der Unterdrückung und Ausbeutung.

künftig noch besser zu berücksichtigen. Dazu beantworten Sie uns bitte folgende Fragen. Als kleines Dankeschön verlosen wir unter allen Einsendern viermal im Jahr ein Buchpaket mit 10 frei auswählbaren Büchern.

Diese Karte habe ich dem Buch entnommen:

____

Ich bin auf dieses Buch aufmerksam geworden durch:

- ❍ Prospekt ________________
- ❍ Anzeige in ________________
- ❍ Buchbesprechung in ________________
- ❍ Empfehlung von Freunden/Bekannten/Kollegen
- ❍ Homepage des Verlags ________________
- ❍ Internet allgemein ________________
- ❍ Buchhandlung ________________
- ❍ Ich habe das Buch geschenkt bekommen

Wie hat Ihnen das Buch gefallen?

❍ sehr gut ❍ gut ❍ mittelmäßig ❍ gar nicht

Mich interessieren aus dem Programm besonders:

- ❍ Topos Premium
- ❍ Geschenk
- ❍ Lebenswissen – Lebenssinn
- ❍ Spiritualität
- ❍ Sachbuch
- ❍ Biografien
- ❍ ________________

Zu diesem Thema sollte Topos Taschenbücher ein Buch in sein Programm aufnehmen:

____

Weitere Anmerkungen:

Neben den Kasten-Hindus gibt es eine zahlenmäßig starke Gruppe von Menschen, die außerhalb des Kastensystems stehen, also »Kastenlose« sind. Sie gelten als »unberührbar«, werden als minderwertig angesehen und führen ein Leben am Rande der Gesellschaft. Als »Unreine« müssen sie die niedrigsten Arbeiten verrichten wie z. B. Latrinen reinigen oder Tierkadaver beseitigen. Ihre Häuser oder Hütten stehen am Rande der Dörfer, sie dürfen nicht in Kontakt mit den Hindus anderer Kasten kommen, ja, sie dürfen oftmals noch nicht einmal ihr Wasser aus dem gemeinsamen Dorfbrunnen schöpfen, sich im selben Teich waschen wie die anderen oder dieselbe Straße benutzen. Der Mahatma konnte eine solch krasse Missachtung menschlicher Würde nicht akzeptieren. »Ich habe mich mein Leben lang leidenschaftlich dafür eingesetzt, den Unberührbaren zu dienen, denn mir schien, ich könne kein Hindu bleiben, wenn es wahr wäre, dass Unberührbarkeit ein Teil des Hinduismus sei.« (SL, S. 443) So gab er den Kastenlosen den Namen *Harijans,* »Kinder Gottes«. Es war sein Versuch, ihnen einen gleichwertigen Status in der Gesellschaft zuzusprechen, ohne das Kastensystem als Ganzes in Frage zu stellen. Doch wurde diese Zuordnung weder von den Hindufrommen noch von den Kastenlosen selbst auf gesellschaftspolitischer Ebene akzeptiert. Sie selbst nennen sich heute *Dalits,* die »Unterdrückten, Zertretenen«. Dies wurde zum identitätsstiftenden Begriff einer politischen Bewegung des Widerstands gegen ihre Unterdrücker.

Bewusst hat Gandhi im privaten und öffentlichen Leben die Gemeinschaft mit den Kastenlosen gesucht, sie in seinem Ashram aufgenommen – ein ungeheurer Tabubruch unter dem Aspekt der »Unberührbarkeit« – und kompromisslos darauf bestanden, dass alle Bewohner des Ashram, auch seine eigene

Frau, die Arbeiten tun, die sonst nur den »Unberührbaren« vorbehalten waren. Eine Schilderung aus seiner Autobiographie im Kapitel »Das einfache Leben« legt Zeugnis davon ab, was er mit seiner Haltung anderen, die aus den Wertvorstellungen des Hinduismus lebten, abverlangte. Diese beiden Grundübel der indischen Gesellschaft – Armut und Unberührbarkeit – waren für Gandhi zeitlebens ein Stein des Anstoßes, sie betrübten ihn zutiefst und ließen ihn in seinen politisch-sozialen Aktivitäten nicht zur Ruhe kommen.

Menschenrechte und Selbstbestimmung

Triebfeder seines politischen Handelns war also die Frage der Menschenrechte. »Mein ganzes Leben hindurch bin ich, wie jeder es tun sollte, für Minderheiten und Menschen in Not eingetreten.« Vor Gott sind alle Menschen gleich, jeder trägt seinen Wert und seine Würde in sich, und jeder hat das Recht auf ein Leben in Freiheit und Selbstbestimmung. Dies gilt für den Einzelnen genauso wie für die Nation. Die Herrschaft der Briten über den indischen Subkontinent war für Gandhi mehr als nur ein politisches Ärgernis. Sie widersprach seinem Verständnis von Menschenwürde und Selbstbestimmung. Und so kristallisierte sich seit den 1920er Jahren sein Ziel immer deutlicher heraus: *Swaraj* – Selbstbestimmung für die indische Nation. Allerdings sollte es noch mehr als zwei Jahrzehnte dauern, bis dieses Ziel erreicht war. Systematisch, klar und kraftvoll sagte er der britischen Herrschaft den Kampf an, organisierte Widerstandsaktionen, bei denen immer das erste Bestreben war, dass sie vollkommen gewaltlos verliefen. War dies nicht der Fall, dann versuchte er mit allen Mitteln, diese

Aktionen zu stoppen, weil er erkannte, dass die Menschen noch nicht reif dafür waren. Seine Texte in den Kapiteln über Gewaltlosigkeit und Feindesliebe sprechen hier eine deutliche Sprache und sind in ihrer Konsequenz von überzeugender Klarheit.

Der schon erwähnte Salzmarsch im Jahr 1930, mit dem Gandhi das britische Monopol über die Gewinnung und den Verkauf von Salz zu brechen suchte, ist ein eindrucksvolles Beispiel. Gemeinsam mit Hunderten Gleichgesinnter machte er sich vom Sabarmati-Ashram in seiner Heimatstadt Ahmedabad in einem 24 Tage dauernden Marsch über 240 Kilometer zur Küste hin auf, um dort am Strand das Salz zu sammeln, das die Natur allen zur Verfügung stellt und das – so seine Überzeugung – somit auch allen Bewohnern des Landes frei zugänglich sein sollte. Der Salzmarsch war für die Briten eine ernsthafte Herausforderung. Sie reagierten mit Gewalt und steckten Gandhi und seine Anhänger für diese Gesetzesübertretung ins Gefängnis. Aber letzten Endes war das Monopol gebrochen, und mit Aktionen wie dieser bröckelte Stück für Stück die festgefügte Mauer des Imperiums, bis sie schließlich ganz in sich zusammenstürzte. Dafür nahmen der Mahatma und seine Mitstreiter während ihres langen Befreiungskampfes unzählige Gefängnisaufenthalte in Kauf. Gandhis Rede am Vorabend des Salzmarsches (11. März 1930) fasst seine Grundüberzeugung eindrucksvoll zusammen:

»Aber lasst auch nicht den geringsten Verstoß gegen den Frieden zu, auch nicht nachdem wir alle verhaftet worden sind. Wir haben beschlossen, all unsere Kräfte für einen ausschließlich gewaltlosen Kampf einzusetzen. Darum soll keiner aus Zorn einen Fehler machen. Darauf hoffe und dafür bete ich. Ich wünsche mir, dass diese meine Worte bis in die hintersten Winkel dieses Landes dringen … Ich vertraue fest auf die Rechtschaffenheit unserer Sache und die Reinheit unserer Waffen. Dort, wo die Mittel rein sind, dort ist Gott ohne Zweifel mit seinem Segen anwesend. Und wo diese drei zusammengehen, dort ist eine Niederlage ein Ding der Unmöglichkeit. Ein *Satyagrahi*, sei er frei oder im Gefängnis, ist immer siegreich.« (VT, S. 25–28)

Am Ziel – und doch gescheitert

So hatte dieser »indische Fakir«, wie ihn der britische Premierminister Winston Churchill einmal nannte, die innere Kraft, durch das konsequente Festhalten an seinen Idealen dem Empire die Stirn zu bieten und es schließlich in die Knie zu zwingen. Im Jahr 1947 entließ England, geschwächt auch durch den Zweiten Weltkrieg, Indien in die Unabhängigkeit. Der Freiheitskampf von Mahatma Gandhi hatte sein Ziel erreicht – allerdings um einen hohen Preis, nämlich der Teilung des Subkontinents in ein überwiegend hinduistisches Indien und ein muslimisches Pakistan. Alle Integrationsbemühungen Gandhis konnten den seit Jahrzehnten schwelenden Konflikt zwischen diesen beiden Religionsgruppen nicht lösen, im Gegenteil. Als die Unabhängigkeit in greifbarer Nähe war, brachen sich das tiefe Misstrauen und die Machtkämpfe zwischen Hindus und Muslimen ungehindert Bahn. Der Traum von einem freien Indien endete in einem blutigen Bürgerkrieg, in Hass, Verfolgung, Flucht und Vertreibung von Millionen Menschen. Bei einem öffentlichen Gebetstreffen im Jahr 1947 bekannte Gandhi verzweifelt: »Niemand hört mehr auf mich. Ich bin nur ein kleiner Mann. Ja, es gab eine Zeit, in der meine

Stimme groß war. Damals folgte jeder dem, was ich sagte. Heute hören weder die Kongress-Partei noch die Hindus noch die Muslime auf mich. Ich bin ein Rufer in der Wüste geworden.«

Um dem Blutrausch Einhalt zu gebieten, griff Gandhi noch ein letztes Mal zu einem Mittel, das ihm in seinem gesellschaftspolitischen Kampf oft als die »letzte Waffe« erschienen war: das Fasten. »Es gibt aber ein Fasten, zu dem sich ein Anhänger der Gewaltlosigkeit manchmal gedrängt fühlt, um gegen schlechte Taten der Gesellschaft zu protestieren, und dies tut er, wenn er als Anhänger von *Ahimsa* keinen anderen Weg mehr sieht. Vor dieser Situation stehe ich heute.« (Die gesamte Rede ist im Kapitel »Die letzte Waffe« wiedergegeben.) Dieses »Fasten bis zum Tod« konnte das gegenseitige Morden noch einmal für kurze Zeit unterbrechen. An der Tatsache der Teilung in Indien und Pakistan und den seither ständig schwelenden Konflikten konnte es allerdings nichts ändern. Gandhi war nach Delhi gefahren, um Hindu-Flüchtlinge aus dem pakistanischen Teil des Panjab zu beschwichtigen, nicht gegen Muslime vorzugehen. Er entging einem Bombenanschlag, aber Hindu-Fanatiker schmiedeten weitere Pläne, ihn zu töten, weil er die Muslime verteidige und schütze. So war Gandhis größter Erfolg, die Unabhängigkeit seines Heimatlandes, gleichzeitig auch seine größte Niederlage, sie war für ihn eine geistige Tragödie. Der Mahatma – inzwischen 78 Jahre alt, geschwächt und erschöpft durch ein hartes asketisches Leben und durch sein rastloses Engagement für die Menschen, musste mit ansehen, wie die Ideale, für die er gekämpft hatte, nichts mehr galten.

Am 30. Januar 1948 befindet er sich auf dem Weg zu seinem allabendlichen Gebetstreffen, zu dem sich eine große Menschenmenge versammelt hat. Auf dem Weg dorthin wird er von Menschen umringt, die um seinen Segen bitten. Sein Mörder ist auch unter ihnen. Er verneigt sich vor Mahatma Gandhi und schießt ihm, sich aufrichtend, in die Brust. Mahatma Gandhi sinkt zu Boden und stirbt – einen Anruf an Gott *Rama* auf den Lippen.

Was ist geblieben?

Bis heute gilt Mahatma Gandhi in Indien als der »Vater der Nation«. Sein Portrait hängt in ungezählten Amts- und Versammlungsräumen. Sogar die Tourismus-Branche bedient sich seiner, wie jüngst in einer Anzeigenkampagne, die für das Reiseland Indien wirbt. Doch spricht man heute Menschen in Indien auf den Mahatma an, so trifft man, auch bei Gebildeten, zwar auf eine formal hohe Wertschätzung, aber wenige wollen ihr Leben nach seinem Vorbild ausrichten. Seine Gedanken und Schriften sind beinahe in Vergessenheit geraten. Das politische und gesellschaftliche Leben in Indien hat sich weit von den Idealen Gandhis entfernt. Und dennoch ist seine Lehre über den zeitgeschichtlichen Kontext hinaus von Bedeutung geblieben. Sie hat sich über alle Kontinente ausgebreitet und das 20. Jahrhundert mit seinem Kampf um Menschen- und Bürgerrechte entscheidend geprägt.

Die Bürgerrechtsbewegung der schwarzen Bevölkerung in den USA mit Martin Luther King an ihrer Spitze hat ihre entscheidenden Erfolge mit den Mitteln des gewaltlosen Widerstands erreicht. In Südafrika hat Nelson Mandela mit Hilfe von Gandhis Idealen für die Emanzipation und Gleichstellung der schwarzen Bevölkerungsmehrheit gekämpft, er hat Jahrzehnte dafür im Gefängnis gesessen und ist dennoch nach seiner

Entlassung den Weg der Gewaltlosigkeit und Versöhnung weitergegangen. Und nicht zuletzt die Bürgerrechtsbewegungen in Osteuropa und Ostdeutschland haben sich an *Satyagraha*, dem gewaltlosen Widerstand, orientiert und so die kommunistischen Diktaturen weitgehend unblutig zu Fall gebracht. Was waren die berühmten Leipziger »Montagsdemonstrationen« anderes als ein Aufbegehren gegen Fremdbestimmung und Entwertung der Menschenwürde im Geiste Gandhis? »Wir sind das Volk« – das war die Forderung nach *Swaraj*, Selbstbestimmung, wie Gandhi sie formuliert hatte. Getragen wurde diese friedliche Revolution von der Sehnsucht der Menschen, gegen alle Lügen des kommunistischen Systems in der Wahrheit zu leben, einen Wandel durch Wahrheit zu schaffen. Die beiden Grundpfeiler von Gandhis Ethik – Wahrheit und Gewaltlosigkeit – haben sich in der Geschichte der Menschenrechtsbewegungen des 20. Jahrhunderts tief verankert, seine Gedanken und Ideale haben eine faszinierende zeitlose Strahlkraft entwickelt. Sie haben Führungspersönlichkeiten und Bewegungen in den verschiedenen kulturellen Kontexten inspiriert und Veränderungen gestaltet.

Die Grundlagen von Gandhis Ethik

Gandhi selbst ist tief vom Gedankengut und der Spiritualität seiner Heimat geprägt. »Sein Hinduismus«, wie er es einmal ausdrückt, ist der Boden, in dem er verwurzelt ist. Gleichzeitig aber spricht aus seinen Texten eine überraschende Universalität des Denkens, die Menschen jeglicher Religion unmittelbar zugänglich ist. Wir als christlich-abendländisch geprägte Europäer könnten meinen, in vielen Texten spräche ein überzeugter Christ zu uns. Neben der Liebe zu seiner eigenen hinduistischen Religion wird Gandhi nicht müde zu betonen, wie sich die großen Weltreligionen in ihrer Vielfalt bereichern und ergänzen und letztlich alle zusammengehalten werden in einer allumfassenden Einheit, die von ihrem Ursprung – Gott – ausgeht.

Wahrheit

Zwei Begriffe aus dem Sanskrit bilden, wie schon erwähnt, die Basis von Gandhis Gedankengut: *Satya* und *Ahimsa*, das heißt Wahrheit oder Wahrhaftigkeit und Gewaltlosigkeit. Beide sind untrennbar miteinander verwoben; sie sind wie die zwei Seiten einer Medaille. Und doch sind sie voneinander zu unterscheiden: Gewaltlosigkeit ist das Mittel, und Wahrheit ist das Ziel. Wahrheit – *Satya* – ist dabei nicht bloß ein Zustand der Richtigkeit, sondern eine Kraft, ein dynamisches Prinzip. Letzten Endes ist Wahrheit nichts anderes als Gott selbst. »Ich sage, die Wahrheit ist Gott, ... weil Wahrheit das einzige umfassende Attribut Gottes ist.« (SL, S. 356) Wahrheit und Wahrhaftigkeit sind der Maßstab für alles Denken und Handeln. Vor allem aber – hier kommt wieder die konkrete Lebenspraxis ins Spiel – betont Gandhi, dass den Weg der Wahrheit nur gehen kann, wer ein aktives Leben in der Welt führt. Die Wahrheit muss sich im Handeln erweisen, dann wird ihre Kraft den Menschen tragen und beschützen. Aus dieser Grundüberzeugung heraus entwickelte er die Lehre von *Satyagraha*. Sie setzt die Kraft der Wahrheit in gesellschaftspolitisches Handeln um.

Satyagraha bedeutet wörtlich »Festhalten an der Wahrheit«. Während seiner Zeit in Südafrika suchte Gandhi beim Einsatz für die Rechte der indischen Fremdarbeiter nach einem Begriff, der sein politisches Handeln umschreiben und gleichzeitig gegen andere Strategien, wie etwa die des »passiven Widerstands«, abgrenzen sollte. Er entschied sich für *Satyagraha,* weil dieses Wort zum einen für die Verwurzelung in der Wahrheit – *Satya* –, zum andern für aktives Handeln steht. »*Satyagraha* ist die unermüdliche Suche nach der Wahrheit; es ist die Entschlossenheit, sie zu erlangen.« So wurde *Satyagraha* zum Schlüsselbegriff für den gewaltlosen Widerstand, zur Grundvoraussetzung für alle politischen Aktionen. »Zu *Satyagraha* greift ein Mensch, wenn er spürt, dass die Wahrheit mit Füßen getreten wird.« (SL, S. 400)

Gewaltlosigkeit

Der zweite Pfeiler von Gandhis Lehre ist Gewaltlosigkeit – *Ahimsa* – als Konsequenz eines Lebens, das an der Wahrheit festhält. Der Mahatma war zutiefst überzeugt, dass jede Art von Gewalt – in Gedanken, Worten und Taten, gegen Menschen, Tiere, die Natur und den Kosmos – wider-göttlich und damit unwahr ist. *Ahimsa,* Nicht-Gewalt, wie er sie verstand, geht weit über die Idee eines passiven Widerstands hinaus. Er baute auf ihr seine Gesellschaftsphilosophie und seine Praxis eines gewaltlosen Zusammenlebens auf. Alles politische Handeln, alle Aktionen des Widerstands – gegen ungerechte Gesetze, gegen wirtschaftliche Unterdrückung und Ausbeutung, gegen die Herrschaft der Briten über Indien – wurden der strengen Überprüfung durch diese beiden Grundprinzipien unterzogen: Handelte es sich wirklich um eine Aktion im Geiste der Wahrheit, und hielt sie sich streng an die Regeln der Gewaltlosigkeit? Denn: Ein gewaltloser Mensch darf stets nur etwas Wahres verteidigen; nur dann kann sich die geistige Macht der Gewaltlosigkeit entfalten. Gewaltlosigkeit kann nichts ausrichten, wenn sie Lügner, Heuchler und Übeltäter in ihren Absichten unterstützt. Nur wenn der Gewaltlose »in der Wahrheit« ist, kann er das Gute im Menschen erkennen und die rechten Mittel finden, um es zur Entfaltung zu bringen. Mehr als einmal hat Gandhi eine Protestaktion abgebrochen, weil sie sich von diesen Grundsätzen zu entfernen drohte und er sich nicht mehr sicher war, ob er noch »in der Wahrheit« sei. »Benutze die Wahrheit als deinen Amboss und die Gewaltlosigkeit als deinen Hammer – und alles, was nicht besteht, wenn es auf den Amboss der Wahrheit gebracht und mit dem Hammer der Gewaltlosigkeit bearbeitet wird, das verwirf.«

Liebe

Gewaltlosigkeit ist somit weit mehr als nur ein politisches Instrument. Vor allem ist es ein Mittel, mit dem jeder einzelne Mensch eine innere, geistige Umkehr vollziehen kann. Bewusst übersetzt Gandhi *Ahimsa* auch mit »Liebe« oder »Liebeskraft«. Die Texte zu *Ahimsa* wirken für den christlichen Leser vertraut; wir erkennen darin eine große Nähe zu Jesu Lehre von der Feindesliebe. »Gewaltlosigkeit ist es, wenn wir die lieben, die uns hassen.« (VT, S. 155) Das versteht Gandhi nicht als Utopie, sondern als wirksame Realität. Es bedeutet, dass Gewalt und Hass, der Gegenpol zu Gewaltlosigkeit und Liebe, nicht die gleiche Macht haben. Die Konsequenz daraus ist – und darauf bauen alle gesellschaftlich-politischen Aktionen auf –, dass Gewaltlosigkeit und Liebe, wenn sie aus der Wahrheit heraus geübt werden, Gewalt und Hass durch ihre größere geistige Macht überwinden werden. »Gewaltlosigkeit ist die größte Macht, die der Menschheit zur Verfügung steht. Sie ist machtvoller als die machtvollste Zerstörungswaffe, die der Einfallsreichtum des Menschen je erfunden hat.« Schlicht, wirkungsvoll und konkret nachvollziehbar hat Gandhi östliche religiöse Traditionen mit dem Christentum verschmolzen. Seine Philosophie des tätigen Dienstes an der Gesellschaft, seine Betonung der inneren Umkehr und Wandlung des Herzens, sein fester Glaube an das Gute, die Wahrheitskraft, im Menschen und schließlich an den Sieg der Liebe – all das sind auch zentrale christliche Aussagen.

Verwurzelt in der Religion

Der Mahatma hat also die Lehre von der Feindesliebe und der Gewaltlosigkeit, wie wir sie auch im Evangelium finden – »Dem, der dich auf die eine Wange schlägt, halt auch die andere hin« (Lk 6,29) –, in konkrete politische Aktionen übersetzt und ihre Wirksamkeit unter Beweis gestellt. Dabei war immer klar für ihn, auf welcher Grundlage sein politisches Handeln fußte. »Meine Neigung gilt nicht der Politik, sondern der Religion, und ich bin deshalb politisch aktiv, weil ich glaube, dass es keinen Lebensbereich gibt, den man von der Religion trennen könnte.« (SL, S. 361) Der Glaube an Gott, die gelebte Spiritualität ist der Nährboden seines Lebens. Gandhi war dem Hinduismus tief verbunden, lehnte jedoch weite Bereiche der Volksfrömmigkeit wie Tempelbesuche und Verehrung von Götterbildern für sich persönlich ab. Das tägliche Gebet hingegen war für ihn von zentraler Bedeutung, es war für ihn der »Atem der Seele«. Mehrere Stunden am Tag verbrachten er und die Bewohner seines Ashram im privaten und gemeinsamen Gebet. Die öffentlichen Gebetsversammlungen wurden wichtige Foren zur geistig-geistlichen Unterweisung seiner Anhänger. Bei aller Vielfalt seiner Verpflichtungen, bei allem Termindruck und trotz all seiner rastlosen Reisetätigkeit achtete er immer streng auf die pünktliche Einhaltung der Gebetszeiten.

Das Leben als Experimentierfeld

Auf dieser spirituellen Grundlage war für Mahatma Gandhi sein gesamtes Leben ein einziges Experimentierfeld. Nicht umsonst trägt seine Autobiographie den Titel »Meine Experimente mit der Wahrheit«. Sie beschreibt seine Kindheit und Jugend, das Studium in England und den glücklosen Versuch, sich nach seiner Rückkehr in Indien eine berufliche Existenz aufzubauen. Vor allem aber widmet sie sich den mehr als 20 Jahren, die Gandhi in Südafrika lebte und wo er die Grundlagen seines gesellschaftspolitischen Handelns legte, das nach 1915 in Indien seine Fortsetzung und Schärfung erfuhr. Die Autobiographie schließt mit dem Jahr 1925, bereits 23 Jahre vor seinem Tod, also auch vor der entscheidenden Lebensphase in Indien, die seine politischen Erfolge und seinen weltweiten Ruhm hervorbrachte. Das Schlusskapitel der Autobiographie, den »Abschied vom Leser«, dessen entscheidende Passagen in dieser Textsammlung wiedergegeben sind, beginnt der Autor mit der Feststellung: »Nun ist die Zeit gekommen, diese Kapitel abzuschließen. Mein Leben ist von jenem Zeitpunkt an so öffentlich gewesen, dass es kaum etwas darin gibt, das dem Volke nicht bekannt wäre.« (AB, S. 421) Damit bekennt er auch, dass es ihm ein Anliegen war, sein Leben öffentlich zu machen – nicht aus Geltungssucht, sondern um die Menschen für seine Ideale eines Lebens aus der Wahrheit und Gewaltlosigkeit zu gewinnen. Die »Experimente mit der Wahrheit« zeigen einen Menschen, der mit schonungsloser Ehrlichkeit vor sich selbst und der Öffentlichkeit Zeugnis von seinem Ringen um ein konsequentes Leben aus der Wahrheit ablegt. Dieses Ringen umfasst alle Lebensbereiche, die öffentlichen wie die privaten. Auf die privaten wollen wir zum Abschluss einen kurzen Blick werfen.

Ehemann und Familienvater

Im Alter von 13 Jahren wurden Mohandas und die gleichaltrige Kasturba verheiratet, nichts Ungewöhnliches im Indien der damaligen Zeit. Im autobiographischen Rückblick spricht Gandhi von einer »absurd frühen Ehe« und der Peinlichkeit, die ihn überfällt, wenn er an sein damaliges Verhalten zurückdenkt. »Zwei unschuldige Kinder stürzten sich völlig unwissend in den Ozean des Lebens ... Aber ich verlor keine Zeit, das Recht des Ehemanns geltend zu machen.« Die ersten Ehejahre waren geprägt von einer starken körperlichen Leidenschaft, die ungebrochen blieb, bis Gandhis Vater im Sterben lag und der Sohn, damals 16-jährig, mehrere Wochen lang neben der Schule und den täglichen häuslichen Pflichten die Krankenpflege übernahm. Es kam die Nacht, in der sich das Befinden des Vaters deutlich verschlechterte. Am späten Abend bot sich ein Onkel an, ihn am Krankenbett abzulösen. Gandhi ging direkt zu seiner Frau, und so kam es, dass ihm ein Diener wenig später die Todesnachricht brachte, als er in den Armen seiner Frau lag. »Ich empfand tiefe Scham und Elend.« Er bezeichnete es als »Schande meiner fleischlichen Lust selbst in der kritischen Stunde von meines Vaters Tod, die wachsamen Dienst verlangte.« (AB, S. 38) Diese Erfahrung hat Gandhi sein Leben hindurch begleitet und bedrückt. Sie war der Ausgangspunkt für sein späteres Ringen um *Brahmacharya*, Enthaltsamkeit, die für ihn zu einem Grundpfeiler seiner Spiritualität wurde.

Die Ehe von Mohandas und Kasturba bewegte sich im Rahmen der damaligen Vorstellungen, nach denen die Ehefrau die Dienerin des Mannes sei, der in allen Lebensbereichen seine Autorität ausüben konnte. Gandhi spricht offen von der Strenge gegenüber seiner Frau und der Autorität, die er als Ehemann geltend machte, auch wenn diese Strenge in seiner Liebe zu ihr wurzelte. »Mein Ehrgeiz war, ihr Leben zu einem reinen Leben zu machen, sie zu lehren, was ich lernte, und ihr Leben und Denken mit dem meinen zu identifizieren.« Erst später, im autobiographischen Rückblick, kommen nachdenklichere Töne dazu. »Wenn ich das Recht hatte, ihr Beschränkungen aufzuerlegen, hatte sie nicht ein gleiches Recht? Heute ist mir das alles klar.« (AB, S. 22) So entwickelte sich allmählich aus der Kinder-Ehe eine echte Gemeinschaft, auch wenn Kasturba sicher viele Anschauungen und Experimente im Lebensstil ihres Mannes kritisch betrachtete und Schwierigkeiten hatte, sie nachzuvollziehen oder sich ihnen unterzuordnen.

Von der Ehe über die Kindererziehung (Mohandas und Kasturba hatten vier Kinder), den häuslichen Lebensstil, die Kleidung bis hin zur Ernährung – es gibt kaum einen Bereich, den er nicht seiner Experimentierfreude unterzog. In der Erziehung seiner Kinder legte er wenig Wert auf eine formale Schulausbildung. Viel wichtiger war ihm die Herzensbildung, die spirituelle und ethische Prägung des Lebens in der Gemeinschaft des Ashram. Sie sollte die Kinder zu aufrichtigen Menschen erziehen, die bereit waren, ein bescheidenes Leben im Dienst an ihren Mitmenschen zu führen. Auch in Fragen der Haushaltsführung probierte er neue, alternative Wege aus, die die Geduld und Folgebereitschaft seiner Familie oft auf eine harte Probe stellten. Die Texte im Kapitel »Experimente im Alltag« werfen ein kurzes Schlaglicht auf diesen privaten Bereich. Manches mutet nicht nur uns aus heutiger Sicht skurril und verschroben an. Auch für die ihm Nahestehenden war Gandhi oft ein »komischer Kauz«, wie er selbst freimütig in ehrlicher Selbsteinschätzung zugab.

Ernährung und Fasten

Besonders das Thema Ernährung, Diät und Fasten spielten sein Leben lang eine wichtige Rolle. Seine – religiös motivierte – vegetarische Lebensweise, die er als Kind von seiner Mutter übernommen hatte, wurde im Laufe der Jahre für ihn eine Frage der Weltanschauung, bei der er keine Zugeständnisse duldete. Das ging so weit, dass er selbst bei einer lebensbedrohlichen Erkrankung seines Sohnes die vom Arzt dringlich angeordnete Fleischbrühe zur Kräftigung strikt ablehnte. Darüber hinaus experimentierte er lebenslang mit immer neuen Einschränkungen seines eigenen Speiseplans. Sein Bestreben war es vor allem, nicht durch den Genuss am Essen, am Geschmack der verschiedensten Speisen die Leidenschaften und Triebe zu reizen. Das Streben nach *Brahmacharya* – Enthaltsamkeit – war auch der Grund für sein häufiges strenges Fasten. Gandhi wurde nicht müde, seinen Anhängern die segensreiche Wirksamkeit des Fastens anzuempfehlen.

Daneben spielte das Fasten, wie bereits dargelegt, auch eine entscheidende Rolle in seinem politischen Wirken. Er hat es stets als eine mächtige Waffe betrachtet, um seinen Anliegen gesellschaftlich Gehör zu verschaffen und gegen bestimmte Missstände zu protestieren. Gandhis häufig geübtes »Fasten zum Tode« sollte die Menschen zur Besinnung bringen, so dass sie aufhörten, Gewalt oder Hass zu üben, und von negativen Entscheidungen abließen. Ihr Mitleid und ihre Liebe gegenüber dem fastenden Gandhi sollte sie dazu anleiten, ihre lieblosen Handlungen und Gefühle zu überwinden. Sobald sie dies versichert hatten, war er bereit, sein Fasten abzubrechen. Er schreibt: »Fasten ist eine mächtige Waffe im Arsenal eines *Satyagrahi*. Nicht jeder kann zu dieser Waffe greifen. Nur die entsprechende physische Konstitution reicht dafür nicht aus. Ohne einen lebendigen Glauben an Gott ist sie nutzlos. Fasten darf niemals eine rein mechanische Angelegenheit oder einfach eine Nachahmung sein. Es muss aus der Tiefe der eigenen Seele kommen. Darum ist es immer selten.« (VT, S. 216) Die hier ausgewählten Texte über das Fasten beziehen sich überwiegend auf diesen zweiten Aspekt, den er allerdings genauso wie den ersten im spirituellen Leben verankert sieht.

Publizistisches Wirken

Getreu seinem Lebensmotto »Mein Leben ist meine Botschaft« war Gandhi bestrebt, seine Erfahrungen in Worte zu fassen und weiterzugeben. Er war ein produktiver Schreiber und hat ein Gesamtwerk von neunzig Bänden, die »Collected Works«, hinterlassen. Dieses besteht vor allem aus Artikeln, die er für seine eigenen Zeitschriften verfasst hat, und Briefen. Seine erste eigene Zeitung war die in Südafrika herausgegebene »Indian Opinion«. Sprachrohre für seine spätere Wirksamkeit und seine politischen Aktionen in Indien waren die beiden Wochenzeitungen »Young India« (in Englisch) und »Navajivan« (in seiner Muttersprache Gujarati). In den 1930er Jahren kam noch das Wochenmagazin »Harijan« zur Unterstützung seiner Kampagne für die Unberührbaren (*Harijans*) dazu. Für diese drei Zeitungen verfasste er zahlreiche Artikel.

Der unermüdliche Briefschreiber korrespondierte mit Freunden und Weggefährten, mit Politikern, Geistesgrößen und Meinungsführern in Indien und weltweit; er schrieb Briefe an Schüler zur geistigen und spirituellen Unterweisung. Diese Korrespondenz nahm einen großen Teil seines Tages in Anspruch und war für ihn besonders wichtig. Und nicht zuletzt umfassen die »Collected Works« Mitschriften seiner vielen Ansprachen und Interviews. Die Auswahl im vorliegenden Band wurde überwiegend zusammengestellt aus vier Bänden der in Gandhis indischem Verlag (Navajivan Press) herausgegebenen »Selected Works« (Ausgewählte Werke).

Alle Texte haben einen historischen Anlass, sie sind um einer bestimmten Fragestellung willen oder in eine konkrete persönliche Situation hinein geschrieben worden. Gandhis Worte sind einfach und von unbedingtem Ernst: Sie treffen direkt ins Herz. Um sie zu verstehen, brauchen wir keine Vorbildung über hinduistische Philosophie, über indische Gesellschaft und Lebensweise. Ja, die meisten Texte in diesem Buch verlangen nicht einmal eine Orientierung über den geschichtlichen Kontext, in den hinein sie gesprochen worden sind. Jeder Satz ist ein Satz der Lebenserfahrung, der um einer bestimmten Wirkung willen an einen bestimmten Leser- und Hörerkreis gerichtet wird. Das gibt den Texten eine Überzeugungskraft, die menschlich anziehend ist. Jeder kann sich von diesen mit dem Leben bezahlten Worten beeindrucken lassen.

Zum Schluss

noch einige persönliche Anmerkungen: Während der Arbeit an diesem Band hatte ich die Gelegenheit, mehrere Tage in New Delhi zu verbringen. Dort befindet sich die Gedenkstätte *Gandhi Smriti* auf dem Gelände des Birla-House, wo Gandhi sich in seinen letzten Lebenstagen aufhielt. Ein schlichter Sandstein unter einem Baldachin im Garten markiert die Stelle, an der er erschossen wurde. *Gandhi Smriti* zeigt das Zimmer, in dem er wohnte, mit seinen wenigen Gegenständen. Die Gedenkstätte dokumentiert sein Leben in Bildern und Texten. An diesem Ort habe ich den Geist des Mahatma deutlich erfahren. Die Aussprüche, die den verschiedenen Kapiteln dieses Buches vorangestellt sind, einige Zitate in dieser Einführung sowie die Schlusstexte (Gandhis Talisman und Zeugnisse über ihn) habe ich von dort mitgebracht. Darum sind hier keine genauen Quellenangaben genannt.

Mein Besuch in Delhi und im Birla-House folgte einem Aufenthalt im nordost-indischen Bundesstaat Orissa. Dort war es während des Jahres 2008 zu schweren Ausschreitungen gegen Christen mit Mord, Brandschatzung und Vertreibung gekommen. Diese Pogrome gingen auf das Konto von Hindu-Fundamentalisten, die ganze Dörfer verwüsteten und Tausende Menschen zu Flüchtlingen im eigenen Land machten. Erfüllt von den Bildern der Zerstörung und von den Berichten schwer traumatisierter Opfer, hatte die Begegnung mit Gandhis Vision von Frieden und Gewaltlosigkeit für mich eine tiefere, konkretere Bedeutung. Indien mit seiner Vielzahl von Völkern, Sprachgruppen und Religionen war zu Zeiten des Unabhängigkeitskampfes ein Pulverfass – und ist es auch heute noch. Religiöser Fundamentalismus ist eine der schwerwiegendsten Bedrohungen des Friedens. Sein Leben lang hat Gandhi sich für ein geschwisterliches Miteinander der Religionen eingesetzt. Er hat alles in seiner Macht Stehende getan, Hindus und Muslime zu versöhnen, und er konnte doch das Blutvergießen nicht aufhalten.

Umso dringlicher ist es, die Ideale Gandhis nicht aus dem Blickfeld zu verlieren oder sie in einem Museum wirkungslos verkümmern zu lassen. Die Texte, die er hinterlassen hat, sind lebendig und zeitlos inspirierend. Sie zielen auf das Herz des Menschen und tragen die Kraft zur Veränderung in sich. Der Ausspruch, auf einer Wand von *Gandhi Smriti* festgehalten, gilt immer noch als Herausforderung: »Auge um Auge ist das sicherste Rezept, um die ganze Welt blind zu machen.«

Erster Teil

»Meine Religion gründet auf Wahrheit und Gewaltlosigkeit. Wahrheit ist mein Gott. Gewaltlosigkeit ist das Mittel, Ihn zu begreifen.«

I Das Grundprinzip

Wahrheit

Für mich ist Wahrheit das Grundprinzip, das viele andere Prinzipien in sich schließt. Diese Wahrheit ist nicht nur Wahrhaftigkeit im Reden, sondern auch Wahrhaftigkeit im Denken, und nicht nur die relative Wahrheit unseres Begriffs, sondern die absolute Wahrheit, das ewige Prinzip, das heißt Gott. Es gibt unzählige Definitionen von Gott, weil seine Manifestationen unzählige sind. Sie überwältigen mich in Bewunderung und Ehrfurcht und betäuben mich für einen Augenblick. Doch ich bete Gott nur als Wahrheit an. Ich habe ihn noch nicht gefunden, aber ich suche ihn. Ich bin bereit, das mir Teuerste diesem Suchen aufzuopfern. Selbst wenn das Opfer mein Leben fordern sollte, hoffe ich, zu seiner Hingabe bereit zu sein. Doch solange ich diese absolute Wahrheit nicht verwirklicht habe, muss ich mich an die relative Wahrheit halten, wie ich sie verstanden habe. Diese relative Wahrheit muss einstweilen mein Licht, mein Schild und Schirm sein. Obwohl dieser Weg schmal und eng ist und scharf wie des Messers Schneide, ist er für mich der kürzeste und leichteste gewesen. Selbst meine Fehler, groß wie der Himalaya, sind mir unbedeutend vorgekommen, weil ich mich strikt auf diesem Weg gehalten habe. Denn der Weg hat mich davor bewahrt, zu Schaden zu kommen, und ich bin nach meiner Einsicht fortgeschritten. Bei meinem Fortschritt habe ich oft schwache Schimmer der absoluten Wahrheit Gottes erhascht, und täglich wächst in mir die Überzeugung, dass er allein wirklich ist und alles andere unwirklich.

Möge begreifen, wer will, wie diese Überzeugung in mir Wurzel gefasst hat; möge er an meinen Experimenten teilnehmen und, wenn er kann, auch meine Überzeugung teilen. Ferner ist mir die Überzeugung zugewachsen, was für mich möglich ist, sei auch für ein Kind möglich, und ich habe gute Gründe, so zu sprechen. Die Mittel der Wahrheitssuche sind ebenso einfach, wie sie schwierig sind. Sie mögen einem hochmütigen Menschen gänzlich unmöglich und einem unschuldigen Kind sehr wohl möglich erscheinen. Der Wahrheitssucher muss demütiger sein als der Staub. Die Welt tritt den Staub unter ihre Füße, doch der Wahrheitssucher sollte sich selbst so demütigen, dass selbst der Staub ihn zermalmen könnte. Nur dann, und nicht vorher, wird er einen Schimmer der Wahrheit erhaschen ... (AB, S. 13 f.)

Ich sage, die Wahrheit ist Gott, nicht weil Gott, ebenso wie die Wahrheit, ohne Gestalt ist, sondern weil Wahrheit das einzige umfassende Attribut Gottes ist. Alle anderen Attribute beschreiben nur einen Teil der Wirklichkeit, die Gott ausmacht.

Wenn wir die Wahrheit als Gott betrachten, dann gehen wir einer ganzen Reihe von Gefahren aus dem Weg. Wir verlieren jedes Interesse daran, Wunder zu erleben. Es ist schwer zu verstehen, was es heißt, Gott zu sehen; doch die Wahrheit zu sehen ist nicht so schwer. Die Wahrheit zu sehen ist wirklich eine große Herausforderung, doch wenn wir ihr näher und näher kommen, dann erhaschen wir einen Schimmer vom Gott der Wahrheit; das lässt uns hoffen, ihn, wenn die Zeit gekommen ist, ganz zu schauen, und unser Glaube brennt immer heller. (SL, S. 356 f.)

Bei meiner Suche nach der Wahrheit wächst in mir die Erkenntnis, dass Wahrheit alles andere umfasst. Sie ist nicht in *Ahimsa*[1], sondern *Ahimsa* ist in ihr. Das, was wir mit reinem Herzen und Verstand erkennen, ist in diesem Moment die Wahrheit. Halte daran fest, und du wirst in der Lage sein, zur reinen Wahrheit zu finden. Es geht hier nicht darum, Herz und Verstand voneinander zu trennen. Aber oft genug ist es schwierig zu entscheiden, was *Ahimsa* ist. So ist zum Beispiel der Gebrauch von Desinfektionsmitteln *Himsa*[2], und doch geht es nicht ohne sie. Wir müssen ein Leben in *Ahimsa* inmitten einer Welt voll *Himsa* leben, und das ist nur möglich, wenn wir an der Wahrheit festhalten. So leite ich *Ahimsa* aus der Wahrheit her. Aus der Wahrheit gehen Liebe, Zärtlichkeit und Demut hervor. Ein Verehrer der Wahrheit muss demütig bis in den Staub sein. Seine Demut wächst in dem Maße, wie er aus der Wahrheit lebt. Ich sehe dies in jedem Augenblick meines Lebens. Ich habe heute ein viel lebendigeres Empfinden für die Wahrheit und für meine eigene Kleinheit als noch vor einem Jahr. Die großartige Wahrheit »Brahma Satyam Jaganmithya« (*Brahman*[3] ist wirklich, alles andere unwirklich) wächst und wirkt in mir von Tag zu Tag. Sie lehrt uns Geduld. Sie wird uns von unserer Härte reinigen und zu mehr Toleranz verhelfen. Sie wird uns dazu bringen, die Maulwurfshügel unserer Fehler zu Bergen zu vergrößern und die Berge der Fehler anderer zu Maulwurfshügeln zu verkleinern. (SL, S. 144 f.)

---

1 Sanskrit-Begriff; wird im Allgemeinen mit »Gewaltlosigkeit« wiedergegeben

2 Gewalt

3 Das absolute Göttliche

Liebe in ihrer reinsten Form zu leben ist wie ein Balanceakt auf des Schwertes Schneide. »Nichts für mich, aber alles für Dich«, das ist leichter gesagt als getan. Wir wissen nie, wann wir vielleicht selbstsüchtig sind, auch wenn wir meinen, aus vollkommener Liebe zu handeln. Je mehr ich darüber nachdenke, desto mehr erkenne ich die Wahrheit dessen, was ich so oft gesagt habe. Liebe und Wahrheit sind wie zwei Seiten einer Münze, beide sind äußerst schwierig umzusetzen, und beide sind die einzigen Werte, für die es sich zu leben lohnt. Ein Mensch kann nicht wahrhaftig sein, wenn er nicht alle Geschöpfe Gottes liebt; Wahrheit und Liebe sind darum das vollkommene Opfer. So bete ich darum, dass wir beide, du und ich, dies in vollem Umfang erkennen mögen. (SL, S. 474 f.)

Um den Weg der Wahrheit zu gehen, muss man ein aktives Leben in der Welt führen. Ohne das kann man nicht zur Wahrheit gelangen oder von ihr abweichen. Die *Gita*[4] hat klar gesagt, dass der Mensch keinen einzigen Augenblick tatenlos sein kann. Der Unterschied zwischen dem, der Gott verehrt, und dem, der das nicht tut, liegt darin, dass der Erste sein Handeln in den Dienst an den anderen stellt, bei all seinem Tun nie von der Wahrheit abweicht und Schritt für Schritt seine Neigungen und Abneigungen überwindet, während der andere aus selbstsüchtigen Gründen handelt und keine Skrupel hinsichtlich der Mittel kennt, die er zur Erlangung seiner selbstsüchtigen Ziele einsetzt. Diese Welt ist nicht in sich selbst böse, und nur ein aktives Leben in dieser Welt kann uns helfen, das Ziel der Gotteserkenntnis zu erreichen. (VT, S. 384)

---

4 Bhagavadgita – berühmtes Lehrgedicht des Hinduismus: ein Dialog zwischen Gott Krishna und Arjuna; Teil des Epos »Mahabharata«

Gewaltlosigkeit und Wahrheit sind austauschbare Begriffe ... Echte Wahrheit verursacht keine Schmerzen und ist nur darum gewaltlos. Die Wahrheit mag hart klingen, aber sie kann niemals Leiden zur Folge haben. Wenn wir die Wahrheit aussprechen, dann kann das einen anderen beleidigen, aber sein Gewissen wird ihm klarmachen, dass das, was über ihn gesagt wurde, wahr ist und in bester Absicht gesagt wurde. Wir sprechen hier von Wahrheit in ihrer breitesten Bedeutung. Wahrheit bedeutet nicht nur, wahrhaftig zu reden; der Begriff »Wahrheit« bedeutet genau das, was in der *Sutra*[5] gesagt wird, dass *Brahman* allein wahr ist. (SL, S. 385)

Wir dürfen andere nicht für etwas töten, das wir als wahr und rein ansehen. Wir sollten bereit sein, für die Wahrheit zu sterben, und, wenn es so weit ist, unser Leben dafür geben und die Wahrheit mit unserem Blut besiegeln. Aus meiner Sicht ist dies die Kernbotschaft aller Religionen. (SL, S. 362 f.)

Auf dem Wege zur Wahrheit schwinden natürlich Zorn, Selbstsucht, Hass usw., denn sonst ist die Wahrheit nicht zu erreichen. Ein Mensch, der von Leidenschaften beherrscht wird, mag noch so gute Absichten haben, mag in Worten wahrhaftig sein – die Wahrheit wird er niemals finden. Erfolgreiche Wahrheitssuche bedeutet völlige Befreiung von der doppelten Bedrängnis von Liebe und Hass, Glück und Elend. (AB, S. 292)

---

5 Wörtlich »der Faden«; Vers oder Satz aus einem philosophischen Traktat

II Die Mission

Gewaltlosigkeit

Wörtlich bedeutet *Ahimsa*[6] Nicht-Töten. Für mich aber enthält es einen ganzen Kosmos an Bedeutungen; es trägt mich in Gefilde, die höher, unendlich höher sind als die Gefilde, in die ich gelangen würde, verstünde ich *Ahimsa* nur als Nicht-Töten. *Ahimsa* meint in Wirklichkeit, dass du niemanden kränken sollst, dass du keinem lieblosen Gedanken in dir Raum geben sollst, auch nicht gegenüber einem anderen, der sich vielleicht als dein Feind betrachtet. Beachte, wie vorsichtig ich diesen Gedanken formuliert habe. Ich sage nicht »wen du als deinen Feind betrachtest«, sondern »wer sich als dein Feind betrachtet«. Für den, der die Lehre von *Ahimsa* befolgt, gibt es keinen Platz für Feinde; er verneint die Existenz eines Feindes. Doch es gibt Menschen, die sich als seine Feinde betrachten, und daran kann er nichts ändern. So steht fest, dass wir keinem bösen Gedanken in uns Raum geben dürfen, auch nicht im Hinblick auf einen solchen Menschen. Wenn wir Schlag mit Schlag vergelten, entfernen wir uns von der Lehre von *Ahimsa*.

Aber ich gehe noch weiter. Wenn wir einem Freund oder einem so genannten Feind sein Handeln verübeln, dann werden wir der Lehre von *Ahimsa* nicht gerecht. Doch wenn ich sage, wir sollten nichts verübeln, dann sage ich damit nicht, wir sollten allem zustimmen. Wenn ich etwas verüble, dann wünsche

6 Sanskrit-Begriff; wird im Allgemeinen mit »Gewaltlosigkeit« wiedergegeben

ich mir, dem Feind sollte irgendein Schaden zugefügt werden oder er sollte aus dem Weg geschafft werden – nicht unbedingt durch mein eigenes Handeln, aber durch das Handeln eines anderen, oder, sagen wir, durch die göttliche Vorsehung. Wenn wir auch nur einem solchen Gedanken Raum geben, dann begehen wir einen Bruch von *Ahimsa*.

Alle, die zu uns in den Ashram kommen, müssen das wortwörtlich akzeptieren. Das bedeutet nicht, dass wir diese Lehre in Vollkommenheit praktizieren. Weit gefehlt! Es ist ein Ideal, das wir erreichen müssen, und zwar genau hier und jetzt, wenn wir nur in der Lage dazu wären. Doch ist es kein geometrischer Lehrsatz, den man auswendig lernen könnte; es ist auch nicht vergleichbar mit der Lösung schwieriger Problemstellungen in der höheren Mathematik; es ist unendlich viel schwieriger. Viele von euch haben Nachtschichten eingelegt, um solche Probleme zu lösen. Wenn ihr der Lehre von *Ahimsa* folgen wollt, dann müsst ihr wesentlich mehr tun, als Nachtschichten einzulegen. Ihr werdet viele schlaflose Nächte verbringen und eine Menge geistiger Qual und Folter erleiden müssen, bevor ihr das Ziel erreicht, ja bevor es überhaupt in greifbarer Nähe erscheint. Dennoch bleibt es das Ziel, das wir alle erreichen müssen, wenn wir verstehen wollen, was religiöses Leben bedeutet. Ich will über diese Lehre nicht mehr sagen als dies: Ein Mensch, der an die Wirksamkeit dieser Lehre glaubt, wird auf der höchsten Stufe, wenn er kurz vor dem Ziel steht, die ganze Welt zu seinen Füßen finden. Nicht dass er darauf aus ist, die ganze Welt zu Füßen zu haben, aber es wird zwangsläufig so sein. Wenn du deine Liebe – *Ahimsa* – auf eine Weise ausdrückst, dass sie sich deinem so genannten Feind unauslöschlich einprägt, dann muss er einfach diese Liebe zurückgeben.

Daraus ergibt sich ein weiterer Gedanke. Unter diesem Gesetz gibt es keinen Raum für organisierte Anschläge, keinen Raum für Mord, auch wenn er offen begangen wird, keinen Raum für irgendeine Form von Gewalt, auch nicht zum Wohle deines Landes oder zum Schutz der Ehre deiner Lieben, die dir anvertraut sind. Was wäre das für eine armselige Verteidigung der Ehre. *Ahimsa* lehrt uns, die Ehre derer, die uns anvertraut sind, dadurch zu schützen, dass wir selbst uns dem ausliefern, der dieses Verbrechen begehen will. Und das erfordert eine weitaus größere physische und mentale Kraft, als Schläge auszuteilen. Du hast eine bestimmte körperliche Kraft – ich sage nicht Mut –, und du kannst diese Kraft einsetzen. Was aber passiert, wenn sie dann erschöpft ist? Der andere ist erfüllt von Zorn und Erbitterung, und du hast ihn nur noch zorniger gemacht, indem du seine Gewalt mit deiner beantwortet hast; und wenn er dich am Ende umgebracht hat, wird er den Rest seiner Gewalt gegen deine Schutzbefohlenen richten. Wenn du aber keine Vergeltung übst, sondern dich aufrecht und fest zwischen deine Schutzbefohlenen und den Gegner stellst, wenn du einfach die Schläge hinnimmst, ohne Vergeltung zu üben, was wird dann geschehen? Ich gebe dir mein Wort, dass sich sein gesamtes Gewaltpotential über dich ergießen wird, und die dir Anvertrauten werden unversehrt bleiben. (VT, S. 129 ff.)

Es ist keine Gewaltlosigkeit, wenn wir nur die lieben, die uns lieben. Gewaltlosigkeit ist es, wenn wir die lieben, die uns hassen. Ich weiß, wie schwer es ist, dieses große Gesetz der Liebe zu befolgen. Aber sind nicht alle großen und guten Dinge schwierig? Den Hassenden zu lieben ist das Schwierigste überhaupt. Doch durch die Gnade Gottes lässt sich selbst diese äußerst schwierige Aufgabe leicht erfüllen, wenn wir es nur wollen. (VT, S. 155)

Wenn einer Gewaltlosigkeit nicht in seinen persönlichen Beziehungen praktiziert und darauf hofft, sie in größeren Angelegenheiten anwenden zu können, dann irrt er sich gewaltig. Gewaltlosigkeit muss, wie Nächstenliebe, zu Hause beginnen. Doch so, wie es für den Einzelnen nötig ist, Gewaltlosigkeit einzuüben, muss sie erst recht von Nationen erlernt werden. Keiner kann in seinem eigenen Umfeld gewaltlos sein, nach außen aber Gewalt üben. (VT, S. 172)

Wir müssen uns dafür einsetzen, dass Wahrheit und Gewaltlosigkeit nicht nur im persönlichen Leben gelten, sondern im Zusammenleben von Gruppen, Gemeinschaften und Nationen. Das jedenfalls ist mein Traum. Ich lebe und sterbe dafür, dass er wahr wird. Mein Glaube hilft mir dabei, jeden Tag neue Wahrheiten zu entdecken. *Ahimsa* ist ein Seelenzustand, und darum muss sie von jedem in jeglicher Lebenssituation praktiziert werden. Wenn sie nicht auf alle Lebensbereiche anwendbar ist, dann hat sie keinen praktischen Wert. (VT, S. 173)

Gewaltlosigkeit ist die stärkste Kraft, die der Menschheit zur Verfügung steht. Sie ist mächtiger als die mächtigste Zerstörungswaffe, die der menschliche Erfindungsgeist sich ausdenken könnte. Nicht Zerstörung ist das Gesetz des Menschseins. Der Mensch lebt nur dann in Freiheit, wenn er bereit ist, wenn nötig durch die Hand seines Bruders zu sterben, niemals jedoch, wenn er ihn tötet. Jeder Mord und jede andere Gewalt, die wir, aus welchem Grund auch immer, anderen antun, sind ein Verbrechen gegen die Menschlichkeit. (VT, S. 162 f.)

Auch wenn ich noch so viel Wohlwollen für bestimmte Motive aufbringe, so bin ich doch ein kompromissloser Gegner gewaltsamer Methoden, mögen sie auch den edelsten Zielen dienen wollen ... Meine Erfahrung lehrt mich, dass etwas beständig Gutes niemals das Ergebnis von Unwahrheit und Gewalt sein kann. Auch wenn mein Glaube ein kühner Wahn ist, so muss man doch zugeben, dass es ein faszinierender Wahn ist. (VT, S. 151)

Gewaltlosigkeit ist wie Radium und seine Strahlung. Schon eine verschwindend geringe Menge wirkt in einer bösartigen Wucherung unbemerkt und unablässig, bis sie schließlich das gesamte erkrankte Gewebe durchdrungen und geheilt hat. Genauso wirkt schon ein wenig echte Gewaltlosigkeit still, schleichend und unbemerkt und durchsäuert die gesamte Gesellschaft. (VT, S. 164)

Ahimsa ist nicht nur einfach negativ zu beschreiben als Harmlosigkeit, sondern positiv als Lieben. Es bedeutet, auch dem Übeltäter Gutes zu tun. Es bedeutet allerdings nicht, dem, der Böses tut, zu helfen oder es schweigend hinzunehmen, dass er so weitermacht. Ganz im Gegenteil: Die Liebe – das ist die aktive Form von *Ahimsa* – verlangt, dass du dich dem Übeltäter entgegenstellst und dich von ihm lossagst, auch wenn ihn das beleidigen oder physisch verletzen mag. (VT, S. 153)

Wir müssen gewaltlos bleiben, ganz gleich, ob wir mit unseren Unternehmungen erfolgreich sind oder scheitern. Nur so können wir das Prinzip der Gewaltlosigkeit unter Beweis stellen. Richtiger wäre es zu sagen, dass das Ergebnis von *Ahimsa* immer gut ist. Wenn dies unser fester Glaube ist, dann brauchen wir uns keine Sorgen darüber zu machen, ob unsere Anstrengungen schon heute von Erfolg gekrönt sind oder erst Jahre später. (SL, S. 387)

Ich habe oft gesagt, wenn jemand sich sorgsam um die Wahl seiner Mittel kümmert, dann wird das Ergebnis für sich selbst sorgen. Gewaltlosigkeit ist das Mittel, das Ergebnis wird vollständige Unabhängigkeit für jede Nation sein. (VT, S. 151)

Ich habe Gewaltlosigkeit und ihre Möglichkeiten mehr als fünfzig Jahre lang ununterbrochen mit wissenschaftlicher Genauigkeit praktiziert. Ich habe sie in jedem Lebensbereich angewandt – privat, institutionell, wirtschaftlich, politisch. Und ich habe keinen einzigen Fall erlebt, wo sie versagt hätte. Wenn es manchmal so aussah, als habe sie versagt, habe ich dies meiner eigenen Unvollkommenheit zugeschrieben. Denn ich beanspruche für mich keine Vollkommenheit. Ich erhebe aber den Anspruch, ein leidenschaftlicher Suchender nach Wahrheit zu sein, was nur ein anderer Name für Gott ist. Bei dieser Suche habe ich die Gewaltlosigkeit entdeckt. Sie zu verbreiten ist meine Lebensaufgabe. Meine ganze Lebensmotivation gilt nur der Erfüllung dieser Mission. (VT, S. 163)

Zweiter Teil

»Mein Leben ist meine Botschaft.«

I Die größere Wirklichkeit

Spirituelles Leben

Für die Existenz Gottes kann es keinen Beweis geben, der dem menschlichen Verstand einleuchtet, denn Gott übersteigt allen Verstand. Wir bringen uns in große Schwierigkeiten, wenn wir meinen, der Verstand sei alles und darüber hinaus gäbe es nichts. Die menschliche Seele selbst übersteigt den Verstand. Viele Menschen haben versucht, ihre Existenz und ebenso die Existenz Gottes mit dem Verstand zu erfassen. Doch wer die Seele und Gott nur mit dem Verstand begreift, hat nichts begriffen. Der Verstand ist gelegentlich nützlich, um Wissen zu erwerben, aber wer sich allein auf ihn verlässt, kann nie das Selbst erfahren, so wie einer, der verstandesmäßig den Nutzen des Essens kennt, nicht den Gewinn daraus ziehen kann, der nur beim tatsächlichen Essen entsteht. Die Seele und Gott sind keine Wissensgegenstände. Sie selbst sind Wissende und können darum nicht mit dem Intellekt erfasst werden. Es gibt zwei Ebenen der Gotteserfahrung: 1. den Glauben und 2. die Erfahrung, die aus dem Glauben erwächst. Die großen Lehrer der Menschheit haben durch ihre Erfahrung Zeugnis für die Existenz Gottes abgelegt. Und jene, die die Welt als Narren abtut, haben durch ihren Glauben Zeugnis gegeben. Wenn wir uns ihrem Glauben anschließen, dann werden wir, so Gott will, echte Erfahrungen machen. Ein Mensch, der taub ist, kann einen anderen zwar mit den Augen sehen, aber nicht hören. Wenn er nun sagt, man könne den anderen nicht hören, liegt er natürlich falsch. Genauso müssen wir zur Einsicht kommen und feststellen, dass Gott nicht mit dem Verstand erkannt werden kann. Wir können Gott nicht mit den Sinnen erfassen oder mit dem Verstand begreifen, ebenso wie wir nicht mit den Augen hören können. Es braucht eine andere Fähigkeit, um Gott zu erkennen, und diese Fähigkeit ist ein unerschütterlicher Glaube. Der Intellekt kann jederzeit fehlgeleitet werden, wie wir aus eigener bitterer Erfahrung wissen. Wahrer Glaube aber kann niemals in die Irre geführt werden. (SL, S. 350 f.)

Glauben kann man sich nicht durch die Kraft des Verstandes aneignen. Er wächst nur langsam aus tiefer Meditation und beständiger Übung. Wir beten, singen, lesen Bücher, suchen die Nähe zu frommen Menschen und tun unseren Dienst, um diesen Glauben zu erlangen. (SL, S. 486)

Gott ist keine Person außerhalb unserer selbst oder des Universums. Er durchdringt alles, ist allwissend und allmächtig. Er braucht keine Anbetung oder Bittgebete. Weil er allen Wesen innewohnt, hört er alles und kennt unsere tiefsten Gedanken. Er wohnt in unseren Herzen und ist uns näher als die Haut unter unseren Fingernägeln. (VT, S. 101)

Ich bin nicht in irgendwelche Händel verstrickt, hänge keinen weltlichen Ambitionen nach. Mein Leben dient einzig dazu, Gott von Angesicht zu Angesicht zu sehen. Und je besser ich das Leben und seine Erfahrungen kenne, desto mehr empfinde ich, dass keiner das Licht ganz genau so wie ein anderer empfängt – so wie wir dieselbe Sonne unterschiedlich sehen, je nachdem ob wir am Äquator, in einer gemäßigten oder in einer kalten Klimazone leben. (SL, S. 347)

Selbstbeherrschung ... erwächst nur aus der unbedingten Einsicht, dass Gott mit uns ist und so für uns sorgt, als hätte er darüber hinaus keine anderen Sorgen. Wie das geschieht, weiß ich nicht. Dass es geschieht, weiß ich sicher. Menschen, die einen festen Glauben haben, haben alle Sorgen von sich abgeworfen. (SL, S. 468 f.)

Wenn Gott für uns alle sorgt, warum sollen wir dann Lasten tragen? Wir sind nur verpflichtet, die Aufgabe zu erfüllen, die uns zugedacht ist. (SL, S. 353)

Bei Spiritualität geht es nicht um die Kenntnis der Schriften oder um philosophische Diskussionen. Es geht um eine Herzenskultur, um unermessliche Stärke. Furchtlosigkeit ist die erste Voraussetzung für Spiritualität. Feiglinge können niemals moralisch sein. (VT, S. 177)

Aus allen Versuchungen hat er mich gerettet. Ich weiß, dass der Satz: »Gott hat mich gerettet« heute für mich einen tieferen Sinn hat, und dennoch fühle ich immer noch, dass ich seine ganze Bedeutung noch nicht erfasst habe. Nur durch immer reichere Erfahrung kann ich zu einem volleren Verständnis gelangen. Doch in all meinen Versuchungen – sei es im geistlichen Leben, sei es als Anwalt in der Verwaltung, sei es in der Politik – kann ich sagen, dass Gott mich gerettet hat. Wenn jede Hoffnung dahin ist, »wenn die Helfer ausbleiben und der Trost entflieht«, dann erlebe ich, dass irgendwie Hilfe kommt, von woher – das weiß ich nicht. Bitten, Anbetung und Gebet sind kein Aberglaube; diese Tätigkeiten haben eine größere Wirklichkeit als Tätigkeiten wie Essen, Trinken, Sitzen oder

Gehen. Es ist keine Übertreibung, wenn man sagt, dass sie allein wirklich sind, alles andere ist unwirklich.

Gebet und Gottesdienst solcher Art sind keine schwungvolle Beredsamkeit und auch kein Lippenbekenntnis. Sie entspringen dem Herzen. Wenn wir darum zu einer Herzensreinheit gelangen, bei der das Herz von allem entleert ist außer der Liebe, wenn wir die inneren Töne richtig gestimmt halten, dann verbinden sie sich ganz zaghaft und unbemerkt und werden zu Musik. Das Gebet braucht keine Sprache. Es ist in sich unabhängig von jedem sinnenhaften Bemühen. Ich habe nicht den geringsten Zweifel, dass das Gebet ein unfehlbares Mittel ist, um das Herz von Leidenschaften zu reinigen. Doch muss es einhergehen mit äußerster Demut. (AS, S. 41 f.)

II Der tragende Grund

Religionen

Langjährige Beobachtungen und Erfahrungen haben mich zu dem Schluss gebracht, dass 1. alle Religionen wahr sind; 2. alle Religionen bestimmte Irrtümer in sich bergen; 3. mir alle Religionen genauso lieb sind wie mein eigener Hinduismus – so wie einem alle menschlichen Wesen genauso lieb sein sollten wie die eigenen nahen Angehörigen. Meine Ehrfurcht vor anderen Glaubensrichtungen ist genauso groß wie vor meinem eigenen Glauben; darum stellt sich die Frage der Konversion erst gar nicht. Das Ziel brüderlichen Lebens sollte sein, einem Hindu zu helfen, ein besserer Hindu zu werden, einem Moslem, ein besserer Moslem zu werden, und einem Christen, ein besserer Christ zu werden. Die Haltung einer gönnerhaften Duldung widerspricht dem Geist internationaler Brüderlichkeit. Wenn ich insgeheim davon ausgehe, meine Religion sei mehr oder weniger wahr und die Religion der anderen mehr oder weniger falsch statt wahr, dann kann ich zwar eine Art Brüderlichkeit mit ihnen pflegen, aber das ist etwas vollkommen Anderes, als was wir als Schwestern und Brüder weltweit brauchen. Unser Gebet für den Anderen darf nicht lauten: »Gott, gib ihm das Licht, das du mir gegeben hast.« Vielmehr: »Gib ihm alles Licht und alle Wahrheit, die er braucht, um zur höchsten Stufe seiner Entwicklung zu gelangen.« Bete einfach darum, dass deine Freunde bessere Menschen werden, ganz gleich, welche Religion sie haben. (VT, S. 269 f.)

Ich glaube an die grundlegende Wahrheit aller großen Weltreligionen. Ich glaube, dass sie alle gottgegeben sind und dass sie zum Nutzen derer sind, denen sie offenbart wurden. Und ich glaube, wenn wir nur alle in der Lage wären, die heiligen Schriften der verschiedenen Religionen aus dem Blickwinkel derer zu lesen, die der jeweiligen Religion angehören, dann würden wir entdecken, dass sie in ihrem tiefsten Grund alle eins sind und einander ergänzen. (VT, S. 264)

Es ist schwer zu sagen, wer der Größte war: Krishna, Rama, der Buddha, Jesus etc. Ihre Leistungen waren unterschiedlich, weil sie in verschiedenen Zeiten und unter verschiedenen Umständen lebten. Was allein den Charakter angeht, so war vielleicht der Buddha der Größte. Aber wer kann das schon sagen? Sie alle wurden von ihren Anhängern aus dem Blickwinkel der eigenen Zuneigung beschrieben. *Vaishnavas*[7] sprechen Krishna Vollkommenheit zu. Und das muss man natürlich auch. Anders wäre eine so zielstrebige *Bhakti*[8] unmöglich. Christen sagen das Gleiche über Jesus. In Indien ist Krishna der Letzte in der Reihe (der Inkarnationen), und darum wird ihm eine besondere Größe verliehen. (SL, S. 343 f.)

Es ist unangebracht, Religionen miteinander zu vergleichen. Nötig ist es, ein gereiftes Verständnis seiner eigenen Religion zu erlangen und sich dann mit den anderen zu beschäftigen. Generell gilt für jeden Vergleich das Kriterium des Mitgefühls

---

7 Hindus, die Vishnu anbeten, die zweite Gottheit der Heiligen Trias (Brahma, Vishnu und Mahesh)

8 Bedingungslose Gottesliebe; emotionale Hingabe

als grundlegende Lebensregel. Je größer die Bandbreite des Mitgefühls in einem Leben ist, desto stärker ist es ein religiöses Leben. »Ethik wurzelt im Mitgefühl« – das ist das erste Prinzip, das es zu lehren gilt; das zweite ist: »*Brahman*[9] ist die Wirklichkeit; die Welt der Sinne ist unwirklich.« …

Tatsächlich gibt es so viele Wege, wie es Menschen gibt. Solange Menschen sich (in ihrem Naturell) unterscheiden, müssen ihre Wege unterschiedlich sein. Wer aber erkennen kann, dass sein *Atman*[10] identisch ist mit dem *Atman* anderer, der wird auch die Einheit in allen Religionen erkennen können. (SL, S. 358 f.)

Ich persönlich meine, die ganze Welt wird niemals nur eine einzige Religion haben, und das ist auch nicht nötig. (SL, S. 358)

Nichts auf der Welt ist so schlecht. Und dennoch kann ich mich von der Religion und damit vom Hinduismus nicht trennen. Ohne den Hinduismus wäre mir mein Leben eine Last. Ich liebe das Christentum, den Islam und viele andere Glaubensrichtungen durch den Hinduismus. Nehmt ihn mir weg, und nichts wird mir bleiben. Aber die Lehre von der Unberührbarkeit – den Glauben, dass Menschen als höher und niedriger zu bewerten sind – kann ich nicht hinnehmen. Glücklicherweise hat der Hinduismus ein Heilmittel gegen das Böse. Dieses Heilmittel habe ich angewandt. (SL, S. 371)

---

9 Das göttliche Absolute

10 Das Selbst, d. h. die göttliche Seele im Menschen

Es steht dem Menschen gut an, sich 24 Stunden am Tag seines Schöpfers zu erinnern. Wenn wir das nicht können, dann sollten wir uns zumindest zur Gebetszeit zusammenfinden, um unseren Bund mit Gott zu erneuern. Ob Hindus oder Moslems, Parsen, Christen oder Sikhs – wir alle beten denselben Gott an. Das Gemeinschaftsgebet ist ein nützliches Mittel, um die grundlegende Einheit der Menschen durch gemeinsame Anbetung zu verwirklichen ...

Wer die Geschwisterlichkeit aller Menschen und Gott als ihren Vater akzeptiert, der wird immer eine Gemeinschaft finden, wohin er auch geht; und er wird in sich niemals Gefühle der Spaltung oder Trennung hegen. Darum bitte ich euch: Haltet fest am Gebet. (AS, S. 87)

Obwohl ich mich mit dem Hinduismus und anderen Weltreligionen oberflächlich auseinandergesetzt hatte, hätte ich doch wissen sollen, dass das nicht ausreichen würde, um mich in Prüfungen zu bewahren. Was ihn in der Prüfung trägt, davon hat der Mensch, solange er mittendrin ist, keine Ahnung und erst recht keine Gewissheit. Ist er ein Ungläubiger, wird er seine Rettung dem Zufall zuschreiben. Ist er ein Gläubiger, wird er sagen, Gott habe ihn gerettet. Er wird zu dem Schluss kommen, dass sein religiöser Eifer oder seine spirituellen Bemühungen die Grundlage dafür waren, dass er Gnade erfahren durfte. Aber in der Stunde des Ausgeliefertseins weiß er nicht, ob seine spirituellen Bemühungen oder etwas anderes ihn retten. Wer sich etwas auf seine spirituelle Stärke einbildet, hat noch nicht erlebt, wie sie in den Staub niedergedrückt wurde. Kenntnis von einer Religion im Unterschied zur Erfahrung ist ganz und gar wertlos in solchen Augenblicken der Prüfung. (AS, S. 28 f.)

Wahre Religion und wahre Moral sind untrennbar miteinander verbunden. Religion bedeutet für die Moral, was Wasser für die Saat bedeutet, die im Erdreich ausgesät wird. (VT, S. 264)

Die Botschaft jeder Religion lautet, dass der Mensch nicht wirklich Mensch ist, wenn er nicht seinen Schöpfer preist. (AS, S. 22)

III Die endgültige Verwandlung

Tod und Unsterblichkeit

Gottes Wege sind unergründlich. *Karma*[11] kann niemals außer Kraft gesetzt werden. All unser Handeln trägt Früchte, gute oder schlechte, und was wir einen Unglücksfall nennen, ist in Wahrheit keiner. Es scheint uns nur so. Der Tod ist letztlich nur die endgültige Verwandlung eben dieses Daseins; er ist nicht die totale Vernichtung. Der *Atman*[12] ist unsterblich. Auch betrifft die Verwandlung nur den Körper. Der Zustand ändert sich, nicht aber der *Atman*. (SL, S. 346)

Sich vor dem Tod zu fürchten ist, als wenn man sich davor fürchtet, ein altes und abgetragenes Kleidungsstück abzulegen. Oft habe ich über den Tod nachgedacht und bin davon überzeugt, dass es reine Unkenntnis ist, die uns den Tod fürchten lässt. (SL, S. 459)

Der menschliche Körper ist noch weniger haltbar als ein gläserner Armreif, der bei sorgfältiger Aufbewahrung Hunderte Jahre lang erhalten werden kann. Unser Körper jedoch kann, auch wenn wir ihn noch so sorgsam bewahren, eine bestimmte Zeitspanne nicht überschreiten; und auch während dieser Zeitspanne kann er jederzeit zugrunde gehen. Darum sollten wir uns nicht auf ihn verlassen. (SL, S. 457)

11 Die Auswirkung aller guten und schlechten Taten im Leben
12 Das Selbst, d. h. die göttliche Seele im Menschen

Kein Mensch kann seinen Tod auch nur eine Sekunde beschleunigen oder hinauszögern. Der beste Weg, sich vor dem Tod zu bewahren, ist, hinzugehen und ihn zu suchen. Ohne Zweifel ist es unsere Pflicht, insgesamt sorgsam mit unserem Leben umzugehen. Mehr als das brauchen wir nicht zu tun. Vielmehr sollten wir den Tod freudig empfangen, wann immer er kommt. (SL, S. 455)

Ich bin die Furcht vor dem Tod noch nicht losgeworden, obwohl ich viel darüber nachgedacht habe. Aber ich empfinde keine Ungeduld. Ich versuche es immer weiter, und ich bin sicher, eines Tages werde ich sie loswerden. Wir sollten keine einzige Gelegenheit versäumen, es zu versuchen. Das ist unsere Pflicht. Gottes Sache ist es, uns Erfolg zu schenken. Warum also sollten wir uns Sorgen machen? Wenn eine Mutter ihr Baby stillt, denkt sie nicht über Erfolg nach. Dennoch stellt sich der Erfolg ein. Um also die Furcht vor dem Tod loszuwerden und die Begierden zu vertreiben, bemühe dich und bleib zuversichtlich; dann werden sie verschwinden. Sonst geht es dir wie dem Mann, der beschloss, nicht an einen Affen zu denken, und dabei ständig an ihn denken musste.

Wir sind in Schuld geboren und wegen unserer sündhaften Taten in unserem Körper gefangen; wie also kannst du hoffen, dich in nur einem kurzen Augenblick von aller Unreinheit zu reinigen? (SL, S. 454)

Je mehr ich die Dinge betrachte, desto mehr bin ich davon überzeugt, dass die Trauer über Trennung und Tod die vielleicht größte Täuschung ist. Wenn wir erkennen, dass es eine Täuschung ist, dann werden wir frei. Es gibt keinen Tod, keine Trennung der Wesenheit. Doch die Tragik liegt darin, dass wir zwar unsere Freunde um ihres Wesens willen lieben, das wir in ihnen erkennen, aber dennoch die Zerstörung des Wesenlosen beklagen, das für eine gewisse Zeit ihr Wesen umkleidet. Dabei sollte es doch der Sinn von Freundschaft sein, dem Ganzen durch das Bruchstückhafte näher zu kommen. (SL, S. 456)

So wie wir uns darauf freuen, aus einem alten Haus in ein neues umzuziehen, haben wir ganz bestimmt auch keinen Grund zu trauern, wenn ein Seelenfreund seinen abgetragenen Körper ablegt und einen neuen anzieht. Dabei kommt es nicht darauf an, ob dieser Mensch jung oder alt stirbt. Wann genau der Körper seinen Dienst nicht mehr tun kann, das weiß allein sein Schöpfer. Wir sollten nicht danach streben, es zu wissen. (SL, S. 346 f.)

Der Tod von Freunden und Angehörigen trifft mich nicht mehr so tief wie früher. Alle Religionen verpönen die Angst vor dem Tod oder das Trauern über den Tod. Trotzdem fürchten wir den Tod und trauern, wenn ein uns nahestehender Mensch stirbt. Und wenn jemand in der Blüte seiner Jugend stirbt, ist die Trauer umso größer. In Wahrheit ist der Tod jedoch Gottes ewiger Segen. Der Leib, der ausgedient hat, fällt, und der Vogel, der in ihm wohnt, fliegt fort. Solange der Vogel nicht stirbt, stellt sich die Frage der Trauer nicht. (Kakar, S. 203)

Wenn mich jemand töten würde, und ich stürbe mit einem Gebet für meinen Mörder auf den Lippen, wenn ich dabei an Gott denken würde und mir gewiss wäre, dass er im innersten Heiligtum meines Herzens gegenwärtig ist – nur dann könnte man von mir sagen, ich hätte die Gewaltlosigkeit des Tapferen gehabt. (AS, S. 111)

Ich glaube an die Unsterblichkeit der Seele. Zum Vergleich betrachtet den Ozean. Er besteht aus Wassertropfen; jeder einzelne Tropfen ist eine Einheit und doch Teil des Ganzen, »das Eine und die Vielen«. In diesem Ozean des Lebens sind wir kleine Tropfen. Meine Lehre sagt, dass ich mich mit dem Leben, mit allem, was lebt, eins fühlen soll, damit ich die Erhabenheit des Lebens in der Gegenwart Gottes erfahre. Die Gesamtsumme eines solchen Lebens ist Gott. (VT, S. 109)

IV Die Waffe der Starken

Satyagraha

In den vergangenen dreißig Jahren habe ich *Satyagraha*[13] verkündet und gelebt. Die Prinzipien von *Satyagraha*, so wie ich es heute verstehe, stellen eine graduelle Entwicklung dar.

Satyagraha ist von »passivem Widerstand« so weit entfernt wie der Nordpol vom Südpol. Letzterer ist als eine Waffe der Schwachen zu verstehen und schließt den Einsatz physischer Kraft oder Gewalt zur Erlangung des eigenen Zieles nicht aus, wohingegen Ersteres als Waffe der Stärksten verstanden wird und den Einsatz von Gewalt in jeglicher Art und Weise ausschließt.

Der Begriff *Satyagraha* wurde von mir in Südafrika geprägt und beschreibt, mit welcher Kraft die Inder dort volle acht Jahre lang gewirkt haben. Er wurde in Abgrenzung zu der Bewegung geprägt, die damals im Vereinigten Königreich und in Südafrika unter dem Namen »passiver Widerstand« aktiv war.

Seine ursprüngliche Bedeutung ist »Festhalten an der Wahrheit«, also »Wahrheits-Kraft«. Ich habe es auch »Liebes-Kraft« oder »Seelen-Kraft« genannt. Schon früh, als ich *Satyagraha* in die Tat umsetzte, entdeckte ich, dass das Streben nach Wahrheit es nicht zuließ, seinem Gegner Gewalt zuzufügen, sondern dass er mit Geduld und Zuneigung von seinem Irrweg abgebracht werden musste. Denn was dem einen als Wahrheit erscheint, mag dem anderen als Irrtum erscheinen. Und Geduld

---

13 »Festhalten an der Wahrheit«

bedeutet eigenes Leiden. So entwickelte sich die Bedeutung von *Satyagraha* als Verteidigung der Wahrheit dadurch, dass man nicht dem Gegner, sondern sich selbst Leiden auferlegt.

Auf der politischen Ebene jedoch bedeutet der Einsatz für die Menschen meist, dem Irrtum entgegenzutreten, der in Gestalt ungerechter Gesetze daherkommt. Wenn es dir nicht gelingt, durch Petitionen und Ähnliches den Gesetzgeber selbst mit seinem Irrtum zu konfrontieren, dann bleibt dir, wenn du dich nicht dem Irrtum fügen willst, nur ein Mittel: Du musst den Gesetzgeber mit physischer Kraft zwingen, dir nachzugeben, oder mit persönlicher Leidensbereitschaft die Strafe für den Gesetzesbruch auf dich nehmen. Daher wird *Satyagraha* in der Öffentlichkeit weitgehend als ziviler Ungehorsam oder ziviler Widerstand verstanden. Er ist zivil in dem Sinne, dass er nicht kriminell ist.

Der Gesetzesbrecher bricht das Gesetz heimlich und versucht, der Strafe zu entgehen; nicht so derjenige, der zivilen Widerstand leistet. Er beugt sich immer den Gesetzen des Staates, in dem er lebt, und zwar nicht aus Furcht vor Sanktionen, sondern weil er die Gesetze als sinnvoll für das Wohl der Gesellschaft erachtet. Aber grundsätzlich, wenn auch selten, kommt es vor, dass er bestimmte Gesetze als so ungerecht ansieht, dass es eine Schande wäre, ihnen zu gehorchen. Dann bricht er sie offen und zivil und erduldet ruhig die Strafe für diesen Gesetzesbruch. Und um seinem Protest gegen die Handlungsweise des Gesetzgebers Nachdruck zu verleihen, steht es ihm frei, nicht mehr mit dem Staat zu kooperieren, indem er auch allen anderen Gesetzen den Gehorsam verweigert, soweit ein solcher Gesetzesbruch nicht als moralisch verwerflich angesehen werden kann.

Meiner Meinung nach sind die Schönheit und die Wirksamkeit von *Satyagraha* so groß, und seine Lehre ist so einfach, dass sie auch Kindern vermittelt werden kann. Ich selbst habe es Tausende Männer, Frauen und Kinder gelehrt, die man gemeinhin als einfache indische Kontraktarbeiter bezeichnete, und das Ergebnis war beeindruckend. (VT, S. 178 ff.)

Ich habe zwischen *Satyagraha* und passivem Widerstand, wie er in der westlichen Welt verstanden und praktiziert wird, unterschieden, noch bevor ich meine Lehre von *Satyagraha* in ihrem vollen spirituellen Umfang entwickelt hatte. Zunächst hatte ich passiven Widerstand und *Satyagraha* synonym gebraucht, doch in dem Maße, in dem sich die Lehre von *Satyagraha* entwickelte, konnte passiver Widerstand nicht länger als Synonym verwendet werden, denn passiver Widerstand hat Gewalt zugelassen wie zum Beispiel in der Sache der Suffragetten[14], und er wurde allgemein als eine Waffe der Schwachen angesehen. Darüber hinaus verlangt passiver Widerstand nicht unbedingt eine völlige Verpflichtung zur Wahrheit unter allen Umständen. Darum ist er in drei wesentlichen Punkten von *Satyagraha* zu unterscheiden: *Satyagraha* ist eine Waffe der Starken; es erlaubt keinerlei Gewalt unter welchen Umständen auch immer; und es ist immer auf Wahrheit gegründet. Ich denke, dass ich damit die Unterscheidung vollkommen klargemacht habe. (SL, S. 397)

Ich wünschte, ich könnte jeden davon überzeugen, dass ziviler Ungehorsam ein grundlegendes Recht jedes Bürgers ist. Wer

14 Bezeichnung für radikale Frauenrechtlerinnen in Großbritannien und den USA Anfang des 20. Jahrhunderts

dieses Recht aufgibt, der hört auf, ein Mensch zu sein. Auf zivilen Ungehorsam folgt niemals Anarchie. Krimineller Ungehorsam kann dahin führen. Jeder Staat geht dagegen vor, ansonsten ginge er zugrunde. Aber gegen zivilen Ungehorsam anzugehen ist wie der Versuch, das Gewissen einzusperren. Ziviler Ungehorsam kann nur zu Stärke und Reinheit führen. Wer zivilen Ungehorsam übt, wird niemals Waffen benutzen, und so ist er ungefährlich für einen Staat, der bereit ist, auf die Stimme der öffentlichen Meinung zu hören. Gefährlich ist er aber für einen autoritären Staat, denn er bringt ihn zu Fall, indem er die öffentliche Meinung zu der Sache auf den Plan ruft, in der er Widerstand leistet. Darum wird ziviler Ungehorsam zu einer heiligen Pflicht, wenn der Staat gesetzlos oder korrupt geworden ist, was auf das Gleiche hinausläuft. Und ein Bürger, der sich auf Händel mit einem solchen Staat einlässt, teilt dessen Korruptheit und Gesetzlosigkeit. (VT, S. 211 f.)

Nicht-Zusammenarbeit und ziviler Ungehorsam sind nichts anderes als verschiedene Zweige am Baum von *Satyagraha*. (VT, S. 209)

Satyagraha hat der kommenden Generation eine neue Hoffnung gegeben, einen freien Weg und ein unfehlbares Heilmittel gegen die meisten Krankheiten des Lebens. Es hat diese Generation mit einer unzerstörbaren und unvergleichlichen Macht ausgestattet, die jeder ungestraft ausüben kann. *Satyagraha* sagt der Jugend Indiens, dass eigenes Leiden der einzig sichere Weg zur Rettung ist – wirtschaftlich, politisch und spirituell.

Satyagraha ist in erster Linie »Widerstand gegen das Böse« und »ziviler Beistand«. Manchmal jedoch muss es einfach »ziviler Widerstand« sein. (SL, S. 396)

Auch wenn *Satyagraha* im Stillen wirken kann, braucht es doch ein gewisses Maß an Aktion von Seiten des *Satyagrahi*. Ein *Satyagrahi* muss zum Beispiel zuerst die öffentliche Meinung gegen das Übel mobilisieren, das er ausmerzen will. Dies geschieht mit Hilfe einer weit reichenden und intensiven Agitation. Wenn die öffentliche Meinung gegen den sozialen Missstand genügend aufgerüttelt ist, dann wird auch der Größte nicht wagen, ihn weiter aufrechtzuerhalten oder offen zu unterstützen. Eine wache und einsichtige öffentliche Meinung ist die wirksamste Waffe eines *Satyagrahi*. Wenn jemand einen sozialen Missstand unterstützt und dabei die einhellige öffentliche Meinung missachtet, dann rechtfertigt das eindeutig, dass man ihn sozial ächtet. Doch darf es niemals das Ziel sozialer Ächtung sein, dem Menschen, gegen den sie sich richtet, Gewalt anzutun. Soziale Ächtung bedeutet vollständige Nicht-Zusammenarbeit der Gesellschaft mit demjenigen, der ihr Schaden zufügt. Es bedeutet nicht mehr und nicht weniger, als dass ein Mensch, der sich eindeutig über die Meinung der Gesellschaft hinwegsetzt, kein Recht hat, einen Dienst von ihr zu beanspruchen. (VT, S. 192 f.)

Ein grundlegendes Prinzip von *Satyagraha* ist, dass der Tyrann, dem der *Satyagrahi* zu widerstehen sucht, zwar Macht über seinen Körper und seinen materiellen Besitz hat, dass er aber keine Macht über seine Seele haben kann. Die Seele wird unbesiegt und unbesiegbar bleiben, auch wenn der Körper eingesperrt ist. Die ganze Wissenschaft von *Satyagraha* entspringt der Erkenntnis dieser fundamentalen Wahrheit. (VT, S. 186)

Zu *Satyagraha* greift ein Mensch, wenn er spürt, dass die Wahrheit mit Füßen getreten wird. Er kämpft gegen den Irrtum und hat dabei nur Gott als Beistand. Niemals sucht er einen anderen Beistand. Zuweilen wird ihm Hilfe angeboten, und wenn sie berechtigt ist, nimmt er sie an. Im Prinzip aber ist ein *Satyagrahi* verpflichtet, im Angesicht von Hunger und noch Schlimmerem selbstständig und allein zu kämpfen. (SL, S. 400)

Satyagraha heißt, gegen Unrecht zu kämpfen, indem man sich freiwillig dem Leiden unterwirft. (SL, S. 392)

Für den Erfolg von *Satyagraha* gibt es folgende Bedingungen: 1. Der *Satyagrahi* darf keinerlei Hass auf seinen Gegner im Herzen tragen. 2. Die Sache, um die es geht, muss wahr und wesentlich sein. 3. Der *Satyagrahi* muss bereit sein, für seine Sache bis zum Ende zu leiden. (VT, S. 186)

Die *Bhagavadgita*[15] sagt ganz klar, dass man beständig arbeiten soll, ohne sich an die Früchte seiner Arbeit zu binden. Aus dieser Botschaft leite ich das Prinzip von *Satyagraha* ab. Jeder, der frei ist von solchen Bindungen, wird einen Feind nicht töten, sondern lieber sich selbst opfern. Einen Feind zu töten ist eine Folge der Ungeduld, und Ungeduld ist eine Folge von Gebundensein. (SL, S. 393)

---

15 Berühmtes Lehrgedicht des Hinduismus: ein Dialog zwischen Gott Krishna und Arjuna; Teil des Epos »Mahabharata«

Die Erfahrung hat mir gezeigt, dass Höflichkeit der schwierigste Teil von *Satyagraha* ist. Höflichkeit meint hier nicht allein eine äußere Milde im Ausdruck, wie man sie bei bestimmten Gelegenheiten zeigt, sondern eine angeborene Milde und das Verlangen, dem Gegner Gutes zu tun. Diese Eigenschaften sollten sich in jeder Handlung eines *Satyagrahi* bekunden. (AB, S. 366)

Ich habe niemals für mich in Anspruch genommen, der *Satyagrahi* schlechthin zu sein. Was ich für mich in Anspruch genommen habe, ist, diese Lehre nahezu universell anzuwenden. Und es wird sich noch zeigen, dass es eine Lehre ist, die Tausende und Abertausende Menschen zu allen Zeiten und an allen Orten in sich aufnehmen können. So ist mir bewusst, dass meine Praxis von *Satyagraha* ein Experiment ist, dass sie noch im Entstehen ist; das lässt mich demütig und bodenständig bleiben, und in dieser Haltung der Demut klammere ich mich an jedes echte Beispiel von *Satyagraha*, von dem ich höre, so wie sich ein Kind an die Mutterbrust klammert. (VT, S. 215)

Mein Rat lautet: *Satyagraha* zuerst, und *Satyagraha* zuletzt. Es gibt keinen anderen oder besseren Weg zur Freiheit. (VT, S. 202)

V Die letzte Waffe

Fasten

Es sind mehr Menschen krank durch Überernährung oder falsche Ernährung als durch Unterernährung. Es ist wunderbar zu erleben, welch außerordentlich geringe Menge ausreichen würde, wenn wir uns nur für die richtige Nahrung entscheiden würden! (SL, S. 464)

Iss so, als würdest du eine Medizin einnehmen, und nicht, um deinen Gaumen zu befriedigen. Konzentriere Geist und Körper ganz auf tätiges Dienen. Meditiere über Gott, die höchste Wahrheit. (SL, S. 465)

Fasten sollte aus vollkommener Wahrhaftigkeit und vollkommener Gewaltlosigkeit erwachsen. Das Verlangen danach muss aus uns selbst kommen und nicht daraus, dass wir es einem anderen gleichtun wollen. Es darf niemals eigensüchtigen Zwecken dienen; sein Ziel muss immer das Wohl der anderen sein. Wenn wir noch Hass gegenüber einem anderen empfinden, dann kommt ein Fasten nicht in Frage. Aber was ist die innere Stimme? Ist jeder in der Lage, sie zu hören? Das sind große Fragen. Die innere Stimme wohnt in jedem von uns, aber ein Mensch, der ihr seine Ohren nicht öffnet, kann sie nicht hören, so wie ein Tauber auch die lieblichsten Gesänge nicht hören kann. Um unsere Ohren für die Stimme Gottes zu öffnen, brauchen wir vor allem Selbstbeherrschung. (SL, S. 403)

Als Fachmann par excellence möchte ich meine Erfahrungen auf diesem Gebiet mit dir teilen. Ich kenne keinen Zeitgenossen, der Fasten und Gebet so konsequent zu einer Wissenschaft gemacht und dabei eine so überreiche Ernte eingefahren hat wie ich. Ich wünschte, ich könnte die ganze Nation mit meiner Erfahrung anstecken und dafür sorgen, dass sie mit Einsicht, Aufrichtigkeit und Eifer zu Fasten und Gebet greift. Damit würden wir, so unglaublich es auch scheinen mag, unserer Nation millionenfach Gutes tun, ohne immer neue Organisationsstrukturen und gegenseitige Kontrollen aufzubauen. Denn ich weiß, dass Fasten und Gebet, wenn sie so wirksam sein sollen, wie ich sie selbst erfahren habe, nicht mechanische, sondern entschieden spirituelle Handlungen sein müssen. In diesem Sinne ist Fasten die Kreuzigung des Fleisches und geht mit der Freiheit des Geistes einher; Gebet ist das bewusste, entschiedene Verlangen der Seele nach äußerster Reinheit. Diese Reinheit ist ganz auf das Erreichen eines bestimmten Zieles ausgerichtet, das in sich selbst rein ist. (SL, S. 70)

Fasten ist die letzte Waffe im Arsenal von *Ahimsa*[16]. Wenn der menschliche Einfallsreichtum scheitert, dann greift der Anhänger von *Ahimsa* zum Fasten. Ein solches Fasten macht den Geist des Gebets lebendig; das heißt, Fasten ist eine spirituelle Handlung und richtet sich somit an Gott. Damit bewirkt dieses Fasten, dass es das schlafende Gewissen der Menschen aufweckt, wenn denn der Fastende eine gewisse Bekanntheit hat. Doch hier liegt auch eine Gefahr: Aus falsch verstandener Zuneigung könnten seine Anhänger gegen ihren Willen handeln,

16 Gewaltlosigkeit

nur um das Leben des geliebten Menschen zu retten. Dieser Gefahr müssen wir ins Auge blicken. Wir sollten uns aber nicht vom rechten Handeln abschrecken lassen, wenn wir von der Richtigkeit des Fastens überzeugt sind. Vielmehr werden wir nur noch größere Umsicht walten lassen. Solches Fasten folgt dem Ruf der inneren Stimme und vermeidet darum alle Eile. (VT, S. 218)

Rede am Vorabend des letzten Fastens

Mein Fasten als ein Protest

Man fastet aus Gesundheitsgründen und folgt dabei den Gesetzen der Gesundheit; man fastet als Buße, wenn man einen Fehler erkannt hat. Unter diesen Voraussetzungen braucht man nicht an *Ahimsa* zu glauben. Es gibt aber ein Fasten, zu dem sich ein Anhänger der Gewaltlosigkeit gedrängt fühlen kann, um gegen Fehlhandlungen der Gesellschaft zu protestieren, und er tut es, wenn er als Anhänger von *Ahimsa* keinen anderen Weg mehr sieht. Vor dieser Situation stehe ich heute.

Als ich am 9. September von Kalkutta nach Delhi zurückkehrte, wollte ich von dort in den westlichen Punjab weiterreisen. Aber dazu sollte es nicht kommen. Das lebensfrohe Delhi zeigte sich als Stadt des Todes. Als ich aus dem Zug stieg, sah ich Düsterkeit in jedem Gesicht, dem ich begegnete. Sogar der *Sardar*[17], den sein Humor und die daraus erwachsende Fröhlichkeit sonst niemals verlassen, war da keine Ausnahme. Den

---

17 Befehlshaber

Grund dafür kannte ich nicht. Er war auf den Bahnsteig gekommen, um mich abzuholen. Und er verlor keine Zeit, mir die traurigen Nachrichten von den Unruhen zu überbringen, die die Unionshauptstadt erschüttert hatten. Schnell wurde mir klar, dass ich in Delhi bleiben musste, koste es, was es wolle. Zur Zeit haben schnelles Eingreifen von Militär und Polizei nach außen hin Ruhe geschaffen. Aber innen drin brodelt es. Und die Gewalt kann jederzeit zum Ausbruch kommen. Das wäre ein zu hoher Preis, nur um nicht meinen Tod zu riskieren, der mir doch ein unvergleichlicher Freund ist. Ich sehne mich nach herzlicher Freundschaft zwischen Hindus, Sikhs und Muslimen. Es gab sie einmal. Heute ist nichts mehr davon übrig. Wir haben einen Staat, den kein indischer Patriot, der diesen Namen verdient, mit Gleichmut betrachten kann. Obwohl mir die innere Stimme seit langem Signale gegeben hat, habe ich meine Ohren vor ihr verschlossen, wenn es nicht sogar die Stimme Satans war oder, anders ausgedrückt, meine eigene Schwachheit. Ich fühle mich nicht gerne hilflos, das sollte ein *Satyagrahi*[18] niemals sein. Fasten ist seine letzte Zuflucht anstelle des Schwertes – seines oder des der anderen. Ich kann den Muslim-Freunden, die mich tagtäglich aufsuchen, keine Antwort geben, was sie tun sollen. Meine Ohnmacht nagt an mir in diesen Wochen. Sie wird verschwinden, sobald ich mit dem Fasten begonnen habe. Ich habe die letzten drei Tage lang darüber nachgegrübelt. Schließlich ist mir die Entscheidung aufgeleuchtet, und sie macht mich glücklich. Kein Mensch hat, wenn er rein ist, etwas Wertvolleres zu geben als sein Leben. Ich hoffe und bete, dass ich diese Reinheit in mir trage, die meinen Schritt rechtfertigt.

18 Anhänger des gewaltlosen Widerstands

Ich bitte euch alle, mein Bestreben zu segnen und für mich und mit mir zu beten. Das Fasten beginnt morgen ab der ersten Mahlzeit. Seine Dauer ist nicht festgelegt, und ich werde nur Wasser trinken, mit oder ohne Salz und Zitrone. Es wird enden, sobald und falls ich davon überzeugt bin, dass eine tiefe Wiedervereinigung aller Religionsgemeinschaften gelungen ist – ohne äußeren Druck, nur durch ein neu erwecktes Pflichtgefühl. Der Preis wird sein, dass Indien sein schwindendes Ansehen und seine schnell verblassende Souveränität in Asien und in der ganzen Welt wiedergewinnt. Ich schmeichle mir selbst mit dem Glauben, dass, wenn Indien seine Seele verliert, dies den Verlust der Hoffnung für die leidende, von Stürmen geschüttelte, hungrige Welt bedeutet. Mögen weder Freund noch Feind, wenn es denn welche gibt, ungehalten über mich sein. Ich habe Freunde, die nicht an die Methode des Fastens zur Wiedergewinnung der Menschlichkeit glauben. Sie werden mich ertragen und mir die gleiche Freiheit des Handelns zugestehen, die sie für sich selbst beanspruchen. Ich hatte das Gefühl, dass ich diese Entscheidung mit Gott als meinem höchsten und einzigen Ratgeber und ohne andere Berater treffen müsste. Wenn ich merke, dass ich einen Fehler gemacht habe, dann werde ich nicht zögern, diesen öffentlich zu bekennen und vom falschen Weg umzukehren. Aber die Möglichkeit einer solchen Erkenntnis ist gering. Wenn ich, wie ich hier behaupte, eine klare Weisung der inneren Stimme habe, dann wird sie mich nicht fehlleiten. Ich bitte darum, auf alle Argumente zu verzichten und diesen Schritt unbedingt zu befürworten. Wenn ganz Indien, oder zumindest Delhi, sich daraufhin besinnt, könnte das Fasten bald zu Ende sein.

Aber ob es nun früher oder später oder nie endet: Bitte zeigt keine Schwäche oder Nachgiebigkeit, wenn möglicherweise kritische Situationen (in meinem Gesundheitszustand) eintreten. Kritiker haben einige meiner früheren Fastenaktionen als Zwangsmittel betrachtet und gemeint, dass ich meine Ziele letztlich erreicht hätte, indem ich durch das Fasten Druck ausgeübt habe. Was sagt eine solche negative Bewertung aus, wenn der Zweck offensichtlich gut ist? Ein reines Fasten trägt, wie jede Pflichterfüllung, seinen Lohn in sich selbst. Ich setze nicht darauf in der Erwartung, dass es ein bestimmtes Ergebnis bringt. Ich handle so, weil ich muss. Darum bitte ich jeden, die Sache leidenschaftslos zu betrachten und mich, wenn es sein muss, im Frieden, der mir hoffentlich gewährt wird, sterben zu lassen. Der Tod würde für mich eine wunderbare Erlösung bedeuten, so dass ich nicht hilflos mit ansehen müsste, wie Indien sich selbst, den Hinduismus, den Sikhismus und den Islam zerstört. Eine solche Zerstörung ist gewiss, wenn nicht Pakistan allen unterschiedlichen Glaubensrichtungen dieser Welt den gleichen Status, die gleiche Sicherheit für Leib, Leben und Eigentum zusichert und wenn nicht Indien es Pakistan gleichtut. Dann wird der Islam in beiden indischen Staaten sterben, in der restlichen Welt aber wird er weiterleben. Hinduismus und Sikhismus jedoch haben keine Lebenswelt außerhalb Indiens. Diejenigen, die anders denken als ich, werden von mir für ihren Widerstand respektiert werden, wie unerbittlich er auch sei. So soll mein Fasten das Gewissen beflügeln und es nicht abtöten. Schaut euch die Fäulnis an, die unser geliebtes Indien befallen hat, und ihr werdet euch an dem Gedanken erfreuen, dass es hier einen demütigen Sohn dieses Landes gibt, der stark genug und womöglich rein genug ist, um diesen segensreichen Schritt zu tun. Wenn er beides nicht ist, dann ist er nur eine Last auf Erden. Je eher er dann verschwindet und Indien von seiner Last befreit, desto besser für ihn und alle Beteiligten.

Nun bitte ich alle Freunde, nicht hierher zum *Birla-Haus*[19] zu kommen, nicht zu versuchen, mich von meinem Vorsatz abzubringen und keine Angst um mich zu haben. Ich bin in Gottes Hand. Vielmehr sollen sie ihre Aufmerksamkeit auf ihr eigenes Inneres lenken, denn dies ist eine wichtige Prüfungszeit für uns alle. Alle, die auf dem ihnen aufgetragenen Posten bleiben und ihre Pflicht sorgsam und gut erfüllen, werden mir und unserer Sache jetzt in jeder Hinsicht noch mehr helfen als zuvor. Das Fasten ist ein Prozess der Selbstreinigung. (VT, S. 89-92)

19 Haus eines Freundes in Delhi, in dem Gandhi die letzten Wochen seines Lebens verbrachte

VI Das einfache Leben

Experimente im Alltag

Eine Vielzahl von Ereignissen in meinem Leben hat zusammengewirkt, mich in enge Beziehung zu Leuten der verschiedensten Glaubensrichtungen und Gemeinschaften zu bringen. Meine Erfahrung mit ihnen allen rechtfertigt die Feststellung, dass ich keinen Unterschied gekannt habe zwischen Verwandten und Fremden, Landsleuten und Ausländern, Weißen und Farbigen, Hindus und Indern anderen Glaubens, seien es Moslems, Parsen, Christen oder Juden. Ich darf behaupten, mein Herz sei unfähig gewesen, irgendwelche derartigen Unterschiede zu machen. Ich kann dies nicht als eine besondere Tugend ausgeben, da es mehr Teil meiner eigenen Natur als das Ergebnis meiner Bemühung ist, während ich mir im Falle von *Ahimsa*[20], *Brahmacharya*[21], *Aparigraha*[22] und anderen Kardinaltugenden durchaus eines ständigen Bemühens um deren Wahrung bewusst bin.

Als ich in Durban praktizierte, wohnten meine Büroangestellten oft bei mir. Unter ihnen waren Hindus und Christen oder, nach Provinzen betrachtet, Gujaratis und Tamilen. Ich erinnere mich nicht, sie je als etwas anderes angesehen zu haben denn als meine Bekannten und Verwandten. Ich behandelte sie wie Familienmitglieder. Widersetzte sich dem meine

---

20 Gewaltlosigkeit
21 Enthaltsamkeit, Selbstzucht
22 Besitzlosigkeit

Frau, bekam sie mit mir Schwierigkeiten. Einer meiner Angestellten war ein von *Panchama*[23]-Eltern abstammender Christ.

Das Haus war nach westlichem Muster gebaut, und die Räume hatten demnach keine Abläufe für schmutziges Wasser. Jedes Schlafzimmer hatte daher Nachttöpfe. Statt sie von einem Dienstboten oder Abortfeger reinigen zu lassen, besorgten meine Frau oder ich dieses Geschäft. Die Angestellten, die sich völlig zu Hause fühlten, reinigten natürlich ihre Töpfe selbst, aber der christliche Angestellte war ein Neuling, und die Aufgabe, sein Schlafzimmer zu besorgen, fiel uns zu. Meine Frau kümmerte sich um die Töpfe von anderen, aber einen Topf zu säubern, den ein ehemaliger *Panchama* benutzt hatte, schien ihr zu viel, und wir gerieten darüber in Streit. Sie konnte es nicht ertragen, dass der Topf von mir gereinigt würde, und sie selbst wollte es auch nicht tun. Noch heute sehe ich das Bild vor mir, wie sie mich beschimpfte, die Augen rot vor Zorn, und wie ihr die Tränen über die Backen liefen, als sie, den Topf in der Hand, die Treppe herabstieg. Doch ich war eine grausame Art Ehemann. Ich betrachtete mich als ihren Lehrer. So quälte ich sie aus blinder Liebe.

Ich gab mich keineswegs damit zufrieden, dass sie nur den Topf besorgte. Ich wollte, dass sie das mit Liebe tue. So sagte ich mit erhobener Stimme: »Ich werde diesen Unsinn in meinem Haus nicht ertragen.«

Die Worte durchbohrten sie wie ein Pfeil.

Sie schrie zurück: »Behalte dein Haus für dich und lass mich gehen.« Ich vergaß mich, und die Quelle des Mitleids in mir versiegte. Ich packte sie bei der Hand, zerrte die hilflose Frau zum Tor, das der Treppe gerade gegenüberlag, und schick-

---

23 Kastenloser (Angehöriger der »fünften Kaste«)

te mich an, es zu öffnen, in der Absicht, sie hinauszuwerfen. Die Tränen liefen ihr in Strömen über die Wangen, und sie schrie: »Schämst du dich nicht? Musst du dich so weit vergessen? Wo soll ich hingehen? Ich habe hier keine Eltern oder Verwandten, die mich aufnehmen könnten. Meinst du, ich müsse, weil ich deine Frau bin, deine Schläge und Fußtritte hinnehmen? Um Himmels willen, benimm dich und mach das Tor zu! Wir wollen doch bei Szenen wie dieser nicht noch Zuschauer haben!«

Ich machte ein trotziges Gesicht, war aber tatsächlich beschämt und warf das Tor zu. Wenn meine Frau mich nicht verlassen konnte, so konnte auch ich sie nicht verlassen. Wir haben uns unzählige Male gestritten, doch das Ende war immer Versöhnung zwischen uns. Die Frau, mit ihrer unvergleichlichen Leidensfähigkeit, ist stets Sieger geblieben.

Heute bin ich imstande, den Vorfall mit ziemlicher Objektivität zu schildern; denn er gehört einer Periode an, die ich zum Glück überwunden habe. Ich bin nicht mehr ein blind vernarrter Ehemann, ich bin nicht mehr der Lehrer meiner Frau. Kasturba kann, wenn sie Lust hat, heute zu mir so unfreundlich sein, wie ich es früher zu ihr zu sein pflegte. Wir sind erprobte Freunde, von denen der eine den anderen nicht mehr als Lustobjekt ansieht. Sie ist bei meinen Krankheiten eine zuverlässige Pflegerin gewesen, deren Dienst von keinem Gedanken an Belohnung beeinflusst war …

Aus dieser Erzählung einer geheiligten Erinnerung möge niemand schließen, wir seien jetzt irgendwie ein ideales Ehepaar oder unsere Ideale seien völlig identisch. Kasturba weiß vielleicht gar nicht, ob sie, unabhängig von mir, überhaupt irgendwelche Ideale besitzt. Wahrscheinlich ist, dass manches, das ich tue, ihr auch heute missfällt. Wir diskutieren nie darüber, ich halte nichts von derartigen Diskussionen. Denn sie wurde weder von ihren Eltern noch von mir zu einer Zeit erzogen, als ich das hätte tun sollen. Aber sie ist in einem besonders hohen Grade mit einer großen Eigenschaft gesegnet – einer Art, die den meisten Hindu-Frauen in gewissem Ausmaß eignet: Willentlich oder unwillentlich, bewusst oder unbewusst hat sie sich stets dann für beglückt gehalten, wenn sie in meine Fußtapfen trat, und sie ist nie meinem Bemühen entgegengetreten, ein Leben der Entsagung zu führen. Daher habe ich, obwohl intellektuell zwischen uns ein großer Unterschied besteht, stets das Gefühl gehabt, wir führten ein Leben voll Zufriedenheit, Glück und Fortschritt. (AB, S. 235 ff.)

Ich hatte mit einem Leben voller Bequemlichkeit und Komfort begonnen, doch das Experiment dauerte nicht lange. Obwohl ich das Haus mit Sorgfalt eingerichtet hatte, konnte es mich doch nicht fesseln. Kaum hatte ich mich daher auf dieses Leben eingelassen, da begann ich auch, die Kosten herabzusetzen. Die Rechnung des Wäschemannes war hoch, und da er außerdem keineswegs für Pünktlichkeit bekannt war, erwiesen sich zwei oder drei Dutzend Hemden und Kragen für mich als unzureichend. Der Kragen musste täglich und das Hemd, wenn nicht täglich, so mindestens jeden zweiten Tag gewechselt werden. Das bedeutete eine doppelte Ausgabe, die mir unnötig schien. Um sie zu ersparen, versah ich mich mit einer Wascheinrichtung. Ich kaufte mir ein Buch über Waschen, studierte diese Kunst und brachte sie auch meiner Frau bei. Das vermehrte zweifellos meine Arbeit, doch da es etwas Neues war, machte es mir Spaß.

Ich werde nie den ersten Kragen vergessen, den ich selber wusch. Ich hatte mehr Stärke benutzt als nötig, das Bügeleisen war nicht heiß genug, und in der Sorge, den Kragen zu versengen, hatte ich nicht genügend angedrückt. Das Ergebnis war, dass zwar der Kragen recht steif war, aber ständig die überflüssige Stärke von ihm abbröckelte. Ich ging mit dem Kragen am Hals zum Gericht und erregte so die Heiterkeit meiner *Barrister*[24]-Kollegen. Aber schon damals konnte ich unempfindlich gegen Spott sein.

»Nun«, sagte ich, »das ist mein erstes Experiment, meine Kragen selbst zu waschen, daher das Zuviel an Stärke. Doch das stört mich nicht, und außerdem hat es den Vorteil, Ihnen so viel Spaß zu machen.«

»Aber es gibt doch gewiss keinen Mangel an Wäschereien hier«, fragte ein Freund.

»Die Wäscherechnung ist sehr hoch«, sagte ich. »Einen Kragen waschen zu lassen kostet fast so viel, wie ihn zu kaufen, und dazu ist man noch ständig vom Wäschemann abhängig. Mir ist es viel lieber, meine Sachen selbst zu waschen.«

Doch ich konnte meine Freunde nicht dazu bringen, die Schönheit der Selbsthilfe anzuerkennen. Im Laufe der Zeit wurde ich ein perfekter Wäscher, soweit meine eigene Arbeit in Frage kam, und mein Waschen stand dem in der Wäscherei nicht nach. Meine Kragen waren nicht weniger steif und glänzend als andere.

Als Gokhale[25] nach Südafrika kam, brachte er eine Krawatte mit, die ein Geschenk von Mahadev Govind Ranade war. Er hielt dieses Erinnerungsstück sehr in Ehren und trug es nur bei besonderen Gelegenheiten. Eine solche Gelegenheit war

---

24 Rechtsanwalt

25 Gopal Krishna Gokhale: indischer Politiker, Lehrer und Vorbild für Gandhi; sein politischer »Guru«

das Bankett, das ihm zu Ehren von den Indern Johannesburgs gegeben wurde. Die Krawatte war zerknittert und musste aufgebügelt werden. Es war nicht möglich, sie in die Waschanstalt zu schicken und rechtzeitig zurückzubekommen. Ich erbot mich, meine Kunst zu versuchen.

»Ich kann Ihrer Fähigkeit als Anwalt vertrauen, aber nicht als Wäscher«, sagte Gokhale. »Was wird, wenn Sie sie verderben? Wissen Sie, was sie für mich bedeutet?«

Dazu erzählte er mit großer Freude die Geschichte des Geschenkes. Ich erbot mich nochmals, garantierte gute Arbeit, erhielt die Erlaubnis, sie aufzubügeln, und errang seine Anerkennung. Nachher kümmerte es mich nicht mehr, wenn die übrige Welt mir ihre Anerkennung versagte.

Auf dieselbe Weise, wie ich mich von der Versklavung durch den Wäschemann befreite, entledigte ich mich der Abhängigkeit vom Barbier ... Ich ging einmal in Pretoria zu einem englischen Friseur. Er lehnte es voll Verachtung ab, mir die Haare zu schneiden. Ich fühlte mich gewiss beleidigt, kaufte mir aber sofort eine Schere und schnitt vor dem Spiegel meine Haare. Mir vorne das Haar zu schneiden gelang mir mehr oder weniger, aber ich verdarb die Rückseite. Die Freunde am Gericht schüttelten sich vor Lachen.

»Was ist denn mit Ihren Haaren los, Gandhi? Sind da die Ratten drin gewesen?«

»Nein. Der weiße Friseur wollte sich nicht herablassen, mein schwarzes Haar anzurühren«, sagte ich. »Daher zog ich vor, es selbst zu schneiden, wie schlecht auch immer.«

Die Antwort überraschte meine Freunde nicht ...

Die extremen Formen, in denen sich meine Leidenschaft für Selbsthilfe und Einfachheit schließlich äußerte, werden später in gehörigem Zusammenhang geschildert werden. Die Saat dazu war seit langem gesät. Sie bedurfte nur der Bewässerung, um aufzugehen, zu erblühen und Frucht zu tragen. Die Bewässerung geschah, als es an der Zeit war … (AB, S. 185 f.)

Im Laufe dieses Aufenthalts in Bombay besuchte ich meinen Schwager, der hier wohnte und krank darniederlag. Er war kein Durchschnittsmensch, und meine Schwester (seine Frau) war nicht fähig, ihn zu pflegen. Die Krankheit war ernst, und ich erbot mich, ihn nach Rajkot mitzunehmen. Er war einverstanden, und so kehrte ich mit meiner Schwester und deren Mann nach Hause zurück. Die Krankheit zog sich viel länger hin, als ich erwartet hatte. Ich legte meinen Schwager in mein Zimmer und blieb Tag und Nacht bei ihm. Ich war genötigt, einen Teil der Nacht zu wachen, und musste manches von meiner Arbeit über Südafrika während seiner Pflege fertig machen. Schließlich starb der Patient doch, aber es war für mich ein großer Trost, dass ich Gelegenheit gehabt hatte, ihn während seiner letzten Tage zu pflegen.

Meine Fähigkeit zur Pflege entwickelte sich nach und nach zu einer Leidenschaft, die mich oft dazu verleitete, meine Arbeit zu vernachlässigen. Oft stellte ich nicht nur meine Frau, sondern meinen ganzen Haushalt in ihren Dienst.

Ein solcher Dienst hat nur Sinn, wenn man Freude daran hat. Wenn er nur geschieht, um Aufsehen zu erregen oder weil man die öffentliche Meinung scheut, lässt er den Menschen verkümmern und drückt seinen Geist nieder. Dienst, der ohne Freude getan wird, hilft weder dem Dienenden noch dem Bedienten. Aber alle Freuden und Besitztümer verblassen zu nichts vor dem Dienst, der im Geist der Freude getan wird. (AB, S. 155)

VII Das Gesetz des Seins

Leben aus der Wahrheit

Wahrhaftigkeit, *Brahmacharya*[26], Gewaltlosigkeit, nicht stehlen, keinen Besitz horten – diese fünf Lebensregeln sind für alle Suchenden verbindlich. Und jeder sollte ein Suchender sein. Der Charakter eines Menschen muss also auf dem Fundament dieser Tugenden aufgebaut sein. Kein Zweifel, jeder Mensch auf dieser Welt sollte danach leben. Ist einer Geschäftsmann, so soll er niemals unwahr reden oder handeln; wer verheiratet ist, soll dennoch enthaltsam bleiben; bei aller Sorge um unser eigenes Wohl können wir trotzdem Gewaltlosigkeit praktizieren. Es ist aber schwierig, in dieser Welt zu leben und dabei nicht zu stehlen (das heißt, dem Gesetz des Nicht-Stehlens zu gehorchen) und keinen Reichtum und Besitz zu horten. Trotzdem müssen wir an dem Ideal festhalten und uns in dieser Hinsicht bestimmte Grenzen setzen. Wenn der Geist erst einmal begonnen hat, sich von diesen Dingen abzuwenden, dann kann man damit bis zur äußersten Entsagung gelangen. (SL, S. 448 f.)

Ich würde sagen, wir sind alle in gewisser Weise Diebe. Wenn ich irgendetwas nehme, das ich nicht unmittelbar brauche, dann stehle ich es einem anderen. Ich wage zu behaupten, es ist ein grundlegendes Naturgesetz ohne jede Ausnahme, dass die Natur genug für unsere tagtäglichen Bedürfnisse produ-

26 Enthaltsamkeit, Selbstzucht

ziert, und wenn jeder nur für sich nehmen würde, was er braucht, und nicht mehr, dann gäbe es keine Armut, dann würde kein Mensch auf dieser Welt an Hunger sterben. Aber solange wir noch ein solches Ungleichgewicht haben, so lange stehlen wir. Ich bin kein Sozialist und will die Besitzenden nicht enteignen; aber ich sage deutlich, dass jene von uns, die nach einem Licht in der Dunkelheit suchen, in ihrem Leben dieser Regel folgen müssen. Ich will keinen enteignen, denn damit würde ich mich vom Gesetz von *Ahimsa*[27] entfernen. Wenn einer mehr besitzt als ich, soll er das tun. Was aber meine eigene Lebensgestaltung angeht, so lege ich Wert darauf, dass ich es nicht wage, etwas zu besitzen, was ich nicht brauche. Hier in Indien leben Millionen Menschen von nur einer Mahlzeit pro Tag, und die besteht aus nicht mehr als einem *Chapati*[28], ohne Fett, nur mit einer Prise Salz. Euch und mir steht so lange nicht mehr zu, bis diese Millionen Menschen besser gekleidet und ernährt sind. Ihr und ich, die wir es besser wissen sollten, müssen unsere Bedürfnisse anpassen und sogar freiwillig Hunger leiden, damit diese gespeist und gekleidet werden können. (VT, S. 135 f.)

Jede Krankheit hinterlässt eine große Schwäche, die nur überwunden werden kann, wenn wir unserem inneren System vollkommene Ruhe gönnen und den Geist von allen Spannungen befreien. Ich glaube, die Kontrolle der Gedanken ist das Schwierigste von allem ... Jedes Mal, wenn der Geist erschüttert wird, kann er sich nicht mehr konzentrieren. Versuche, gute Nachrichten genauso wie schlechte von dir ablaufen zu lassen,

---

27 Gewaltlosigkeit
28 Fladenbrot

wie Wasser vom Rücken einer Ente abperlt. Wenn wir bestimmte Dinge erfahren, dann ist es nur unsere Pflicht, herauszufinden, ob wir etwas tun sollen; wenn ja, dann handle, ohne dich damit zu belasten, was am Ende dabei herauskommt. Wir sind nur ein Werkzeug in der Hand der Natur. Diese innere Freiheit scheint grundlegend nötig zu sein, wenn wir bedenken, dass es immer mehr als ein Mittel braucht, um zu einem Ergebnis zu kommen. Wer kann darum wagen zu behaupten: »Ich habe das gemacht«? ...

Jede Wahrheit, die der Verstand erkennt, muss unmittelbar ins Herz hinabgeschickt werden. Geschieht das nicht, dann verliert sie ihre Wirkung, belastet den Verstand und zerrüttet ihn. Und was den Verstand zerrüttet, zerrüttet das gesamte System. Das bedeutet, dass wir unseren Verstand nur als Durchgangsstation benutzen dürfen. Alles, was dort ankommt, muss entweder zum Herzen weitergeleitet werden, um dort ein Handeln zu bewirken, oder zurückgewiesen werden, weil es sich nicht zur Weiterleitung eignet. Dass der Verstand es versäumt, diese Funktion zu erfüllen, ist die Ursache für alle Krankheiten, die wir dem Körper aufbürden, und für alle mentale Erschöpfung. Würde der Verstand nur einfach seine Aufgabe erfüllen, dann müsste er sich nicht so abrackern. (SL, S. 462 f.)

Ein echter Schüler hungert nach Bildung. Bildung ist die Kenntnis all dessen, was wissenswert ist. Und das Einzige, was wirklich des Wissens wert ist, ist der *Atman*[29]. Echtes Wissen ist darum Wissen um das eigene Selbst. Doch um zu diesem Wissen zu gelangen, bedarf es der Kenntnis von Literatur, Ge-

29 Das Selbst, d. h. die göttliche Seele im Menschen

schichte, Geographie, Mathematik etc. All diese Dinge sind nur Mittel. Um darin Wissen zu erwerben, muss man notwendigerweise lesen können. Nun ist es allerdings nicht so, dass wir nicht auch Menschen erlebt hätten, die ohne solche Grundlagen zur Erkenntnis gelangt wären. Wer sich dessen bewusst ist, der wird durch die Kenntnis von Schrift, Literatur und anderen Bereichen nicht den Verstand verlieren; den Verstand kann er nur verlieren durch die Erkenntnis des Selbst. Er wird alles aufgeben, was ihn daran hindern könnte, zu dieser Erkenntnis zu gelangen, und wird sich nur noch auf das konzentrieren, was ihn seinem Ziel näher bringt. Wer das begriffen hat, dessen Schülerschaft endet nie, und was er auch tut – Essen, Trinken, Schlafen, Spielen, Bauen, Weben, Spinnen und jegliche andere Tätigkeit –, in allem nimmt er an Erkenntnis zu. Um dahin zu gelangen, muss man seine Beobachtungsgabe entwickeln. Dann braucht man nicht unbedingt eine Schar von Lehrern, sondern betrachtet die ganze Welt als seinen Lehrer und nimmt alles auf, was in ihr gut ist. (SL, S. 441 f.)

Das höchste Ziel des Menschen ist die Erkenntnis Gottes, und all seine Aktivitäten – sozial, politisch und religiös – müssen sich diesem höchsten Ziel unterordnen, Gott zu schauen. Der unmittelbare Dienst an allen Menschen spielt dabei eine zentrale Rolle, denn wir können Gott nur finden, indem wir ihn in seiner Schöpfung erkennen und mit ihr eins werden. Dies geschieht nur im Dienst an allen. (VT, S. 114)

All unsere Philosophie bleibt staubtrocken, wenn wir sie nicht unmittelbar in Taten liebevollen Dienens übersetzen. (SL, S. 496)

Wir müssen anderen genauso viel Aufmerksamkeit schenken wie uns selbst. Dann würden wir uns genauso dafür schämen, die Kinder anderer im Elend zu sehen, als wenn es unsere eigenen wären. Dann würden wir, wenn wir andere Menschen in Not sähen, diese Not zu unserer eigenen machen und versuchen, sie daraus zu befreien. (SL, S. 477)

Selbstlos sein heißt, keinen Zorn zu hegen gegen andere, die unserer Meinung nach im Unrecht sind; es bedeutet, sie zu lieben und ihnen zu dienen. Es hat nichts mit Selbstlosigkeit oder Liebe zu tun, wenn wir nur Wohlwollen zeigen, solange andere uns im Denken und Handeln verbunden sind. Das ist vielleicht Freundschaft oder gegenseitige Zuneigung. Das Wort »Liebe« ist dafür unangebracht. »Liebe« ist es, freundschaftlich für den Gegner zu empfinden. (SL, S. 478)

Ich hatte früher Gegner, und ich habe sie heute. Aber ich war nie zornig auf sie. Noch nicht einmal in Träumen war ich ihnen übel gesonnen, und so kommt es, dass viele meiner Gegner zu Freunden geworden sind. Bis auf den heutigen Tag hat keine Gegnerschaft gegen mich Erfolg gehabt. Ich bin noch immer da, drei Anschläge auf meine Person konnten daran nichts ändern. Das soll nicht heißen, dass es dem Gegner nie gelingen wird, sein Ziel zu erreichen. Vielleicht hat er Erfolg, vielleicht auch nicht. Mich betrifft das nicht. Meine Pflicht ist es, ihm Gutes zu wollen und ihm bei passender Gelegenheit zu dienen. Dieser Lehre bin ich nach besten Kräften gefolgt. Ich glaube, sie ist ein wesentlicher Bestandteil meiner geistigen Verfassung. Es beunruhigt mich, wenn mich Tausende verehren. Niemals konnte ich glauben, dass mir diese Verehrung gebührt; darum lässt sie mich völlig kalt. Im Gegenteil, ich bin mir meiner Unwürdigkeit bewusst. Ich kann mich nicht erinnern, mich jemals nach Ehre gesehnt zu haben. Aber es hat mich immer danach verlangt zu arbeiten. Darum habe ich versucht, meine Verehrer zu Mit-Arbeitern zu machen. Wenn sie sich gegen diese Umwandlung gewehrt haben, dann habe ich ihre Avancen abgewiesen. (SL, S. 482)

Was kann man tun, um niemals zornig zu werden? Großherzig zu allen sein und im Innersten verstehen, dass wir in allen Lebewesen und alle Lebewesen in uns sind. So viele einzelne Tropfen bilden gemeinsam doch den Ozean. Genauso ist es mit dem Ozean unseres Universums. Wie soll es da noch möglich sein, dass einer zornig auf einen anderen ist? (SL, S. 483)

Ich bin zu der Überzeugung gekommen, dass alles, was für den Menschen von grundlegender Bedeutung ist, nicht allein durch die Vernunft erlangt werden kann, sondern durch Leiden erworben werden muss. Leiden ist das Gesetz menschlichen Seins; Krieg ist das Gesetz des Dschungels. Doch ist Leiden unendlich mächtiger als das Gesetz des Dschungels, denn es bekehrt den Gegner und öffnet seine Ohren, die sonst verschlossen blieben, für die Stimme der Vernunft. (VT, S. 202)

Du musst dich an deinem Leiden erfreuen – geistig ebenso wie körperlich. Tu jetzt genau das, was deine innere Stimme dir sagt. Dann wird es am Ende gut ausgehen. Wir sind alle in Gottes Hand. Kein Blatt fällt vom Baum, ohne dass er es will. Wenn wir alle unseren eigenen Wegen folgen, dann wird die Welt zugrunde gehen. Darum bleiben unsere Wünsche vielleicht oft unbefriedigt. Es ist die Probe auf unsere Treue zu Gott, dass wir auch dann an ihn glauben, wenn er sich weigert, unsere

Wünsche zu erfüllen. Darum möchte ich, dass du vollkommenen Frieden hast, auch wenn es so aussieht, als liefe alles falsch. (SL, S. 485 f.)

Es gibt keine Ruhe ohne Sturm; es gibt keinen Frieden ohne Unfrieden. Unfrieden ist Teil des Friedens. Davon müssen wir ausgehen. Das Leben ist ein ständiger Kampf gegen inneren und äußeren Unfrieden. Darum ist es nötig, Frieden zu schaffen inmitten allen Unfriedens. (SL, S. 489)

Wir wollen uns selbst, andere oder die Welt nicht täuschen. Darum muss alles, was unser Herz bewegt, ans Licht gebracht werden. Ist das Herz erst rein, dann wird es lange dauern, bis es wieder unrein wird. Wenn wir es aber zulassen, dass irgendeine Unreinheit in unserem Herzen zurückbleibt, dann werden auch die guten Gedanken verunreinigt werden, so wie Wasser verunreinigt wird, wenn man es in ein schmutziges Gefäß gießt. Wenn wir einmal damit anfangen, gegen einen anderen einen geringen Argwohn zu hegen, dann werden wir ihn am Ende ganz und gar mit Argwohn betrachten. (SL, S. 478)

Das Leben eines Menschen mag hundert Jahre oder länger dauern. Und doch ist es immer nur ein verschwindend kleiner Teil eines Tropfens im Ozean der Ewigkeit. Es macht keinen Sinn, sich daran zu hängen und die Zahl unserer Jahre zu berechnen. Denn all unsere Berechnungen werden unsicher bleiben. Wir können höchstens vermuten, wie lange ein Mensch wohl leben mag. Trotzdem müssen wir erleben, dass sogar völlig gesunde Kinder den Tod erleiden, und wir können nicht davon ausgehen, dass ein Mensch, der sich den Vergnügungen des Lebens hingibt, deswegen nicht lange leben wird. Wir können höchstens sagen, dass ein Mensch, der in Selbstzucht und Einfachheit lebt, vermutlich lange leben wird. Wollten wir aber Selbstkontrolle nur üben, um lange zu leben, dann wären wir wie der Berg, der kreißt und eine Maus gebiert. Wir müssen unsere Leidenschaften unter Kontrolle bringen, um uns selbst zu verwirklichen. Wenn wir im Verlauf dieser inneren Arbeit feststellen, dass sich unser Leben verkürzt, anstatt sich zu verlängern, dann sollte uns das nicht beunruhigen. Gesundheit und langes Leben sind keine wirklich überzeugenden Früchte der Selbstzucht. (SL, S. 468)

Der Erfolg liegt im Bemühen selbst begründet. Gott hat uns versprochen, dass unser Bemühen um das Gute niemals fruchtlos bleiben wird. Das haben wir alle schon einmal selbst erleben können. (SL, S. 491)

Arbeit ist Gebet, sie kann aber genauso gut Tollheit sein. (SL, S. 489)

Wer weiß schon, ob wir mehr gewinnen, wenn wir das, was wir haben, retten oder wenn wir es verlieren. Es kann sein, dass das, was gerettet wurde, in Wahrheit verloren ist und das, was verloren ist, in Wahrheit gerettet wurde. Doch jeder möchte gerettet werden, und wir sind Gott dankbar, wenn er uns rettet. Tatsächlich aber sollten wir Gott danken für alles, was ist. Das bedeutet, im Zustand des Gleichmuts zu sein. (SL, S. 490)

Unser Leben sollte von Tag zu Tag einfacher werden und nicht schwieriger. Wir müssen lernen, immer mehr Selbstbeherrschung zu üben. (SL, S. 468)

Wo kein Mut ist, da kann auch keine Wahrheit sein. Etwas Falsches zu tun ist eine Sünde; das Falsche aber zu verbergen ist die größere Sünde. Wer sein Vergehen mit reinem Herzen bekennt, hat die Sünde von sich abgewaschen, und er kann wieder auf dem rechten Weg weitergehen. Wer aber aus falscher Scham sein Vergehen verbirgt, der fällt noch tiefer in die Grube. Immer wieder haben wir das erleben müssen, und darum bitte ich euch alle, euch nicht von falschem Schamgefühl leiten zu lassen. Wenn ihr etwas falsch gemacht habt – wissentlich oder unwissentlich –, dann deckt es sofort auf und bekennt klar und deutlich, es nicht wieder tun zu wollen. (SL, S. 479)

Ein Fehler ist etwas Schlechtes; dafür sollten wir uns schämen. Aber einen Fehler zuzugeben und dafür um Verzeihung zu bitten ist etwas Gutes; dafür sollten wir uns nicht schämen. Wer für einen Fehler um Verzeihung bittet, zeigt damit seine Entschlossenheit, so etwas nicht mehr zu tun. Kann es denn sein, dass wir uns für solche Entschlossenheit schämen müssten?

Es kann keinen Vergleich zwischen Wahrheit und Gewaltlosigkeit geben. Müssten wir aber vergleichen, dann würde ich sagen, dass Wahrheit noch höher steht als Gewaltlosigkeit. Denn Unwahrheit ist gleichbedeutend mit Gewalt. Wer die Wahrheit liebt, der wird zwangsläufig früher oder später zur Gewaltlosigkeit finden. (SL, S. 480 f.)

Gewaltlosigkeit und Feigheit sind gegensätzliche Begriffe. Gewaltlosigkeit ist die größte Tugend, Feigheit das größte Laster. Gewaltlosigkeit erwächst aus Liebe, Feigheit aus Hass. Gewaltlosigkeit leidet, Feigheit wird immer Leid zufügen. (VT, S. 176)

Selbstvertrauen heißt, sich auch von Fehlschlägen nicht erschüttern zu lassen. Wenn ich an Wahrheit und Gewaltlosigkeit glaube, dann werde ich auch in allen Widrigkeiten daran festhalten. (SL, S. 476)

Selbstvertrauen ist der unbeirrbare Glaube an das eigene Werk. Wer zu solchem Glauben gefunden hat, der braucht sich nicht mehr zu sorgen über die zahlreichen Fehler, die er zwangsläufig immer wieder macht. Wir dürfen nicht zulassen, dass uns die Furcht, wir könnten auf dem falschen Weg sein, lahmlegt. (SL, S. 481)

Warum soll man sich fürchten, wenn man weiß, dass Gott der Beschützer aller ist? Wenn ich sage, Gott ist der Beschützer aller, dann meine ich damit nicht, dass uns nicht jemand berauben oder ein wildes Tier uns angreifen könnte. Es fällt kein Makel auf Gottes Schutz, wenn uns so etwas zustößt; es ist nur die Folge unseres mangelnden Glaubens an ihn. Das Wasser des Flusses ist immer für alle da. Aber wenn man nicht mit einem Eimer hingeht, um Wasser zu schöpfen, oder wenn man es nicht trinkt aus Angst, es sei vergiftet, wie kann man das dem Fluss anlasten? Alle Furcht ist ein Zeichen mangelnden Glaubens. Doch kann der Glaube nicht mit den Mitteln des Verstandes reifen. Er entsteht Schritt für Schritt durch ruhiges Denken, Kontemplation und Übung. (SL, S. 348)

Diese Welt ist vergänglich. Wenn ich also diese Welt verlasse, warum sollte das ein Grund zur Sorge sein? Es sollte genügen zu wünschen, dass ich nichts Unrechtes tue, solange ich lebe. Denn es muss unser Bestreben sein, nichts Unrechtes zu tun, auch nicht unabsichtlich. Natürlich bin ich noch nicht auf der

Stufe angekommen, wo ich Erlösung erlangen könnte, aber ich glaube fest daran, wenn ich diesen Körper verlasse und dabei auf dem Weg weitergehe, den meine Gedanken schon heute beschreiten, dann werde ich wiedergeboren werden und am Ende jenes Lebens unmittelbar zur Befreiung (vom Kreislauf der Wiedergeburt – »*Moksha*«) gelangen. (SL, S. 341)

Wir sollten uns nur mit Dingen beschäftigen, die unser spirituelles Wohlergehen fördern. Alles andere – auch die Gesundheit – ist dem untergeordnet. Fest steht, dass dem, der danach strebt, sein Selbst zu verwirklichen, alles andere dazugegeben wird. (SL, S. 343)

Wer an Gottes Führung glaubt, der gibt immer sein Bestes und macht sich keine Sorgen. Hat man jemals gehört, dass die Sonne sich überanstrengt? Und doch tut sie ihren Dienst in beispielloser Regelmäßigkeit! Aber warum sollten wir glauben, die Sonne sei kein lebendiges Wesen? Der Unterschied zwischen ihr und uns mag darin liegen, dass sie keine Wahl hat; wir aber haben einen Spielraum, und sei dieser auch noch so unsicher. Doch Schluss mit solchen Spekulationen. Uns soll es genügen, dass wir ein so wunderbares Beispiel zum Thema unerschöpfliche Energie haben. Wenn wir uns dem Willen Gottes vollkommen unterwerfen und unser Ich ganz und gar unbedeutend wird, dann geben auch wir unseren Handlungsspielraum freiwillig auf, und dann gibt es auch keine Verschleißerscheinungen mehr. (SL, S. 349)

Mein Werk wird getan sein, wenn es mir gelungen ist, die Menschheit davon zu überzeugen, dass jeder Mensch, sei er auch körperlich noch so schwach, der Hüter seiner eigenen

Selbstachtung und Freiheit ist. Diese Erkenntnis ist ein sicherer Schutz, auch wenn die ganze Welt sich gegen ihn erhebt. (VT, S. 228)

Ich halte es für falsch, Sicherheiten in dieser Welt zu erwarten, wo alles außer Gott, der die Wahrheit ist, ungewiss ist. Alles, was mit und um uns erscheint und geschieht, ist unsicher, flüchtig. Aber dahinter ist als Sicherheit ein höchstes Wesen verborgen. Und wer gesegnet ist, der vermag einen Schimmer dieser Sicherheit zu erhaschen und den Karren seines Daseins daran zu hängen. Die Suche nach dieser Wahrheit ist das höchste Gut des Lebens. (AB, S. 217)

Dritter Teil

*»Ich will dir einen Talisman
mit auf den Weg geben.«*

I Abschied vom Leser

Nicht ohne Bedauern muss ich vom Leser Abschied nehmen. Ich messe meinen Experimenten großen Wert bei. Ich weiß nicht, ob es mir gelungen ist, ihnen gerecht zu werden. Ich kann nur sagen, dass ich keine Mühe gespart habe, eine wahrheitsgetreue Schilderung zu geben. Es war mein unablässiges Bestreben, die Wahrheit zu schildern, wie sie mir erschienen ist, und genau in der Weise, wie ich zu ihr gelangt bin. Diese Aufgabe hat mir unsäglichen geistigen Frieden gegeben, weil es meine tiefe Hoffnung ist, dass sie den Unentschlossenen Glauben an Wahrheit und *Ahimsa*[30] bringen möge.

Meine stets gleichbleibende Erfahrung hat mich überzeugt, dass es keinen anderen Gott als die Wahrheit gibt. Und wenn nicht jede Seite dieser Kapitel dem Leser verkündet, *Ahimsa* sei das einzige Mittel zur Verwirklichung der Wahrheit, so halte ich all meine Mühe beim Schreiben dieser Kapitel für vergeudet. Und selbst wenn meine Anstrengungen in dieser Richtung sich als fruchtlos erweisen sollten, müssen die Leser wissen, dass das Mittel, nicht das Grundprinzip falsch ist. Denn wie aufrichtig auch mein Streben nach *Ahimsa* gewesen sein mag, es ist doch noch unvollkommen und inadäquat gewesen. Daher können die wenigen flüchtigen Schimmer, die ich von der Wahrheit erhaschen konnte, schwerlich eine Vorstellung von dem unbeschreiblichen Glanz der Wahrheit geben, die eine Million Mal stärker ist als jener Glanz der Sonne, die wir täglich mit unseren Augen sehen. Tatsächlich ist, was ich auffan-

30 Gewaltlosigkeit

gen konnte, nur ein ganz blasser Abglanz dieses mächtigen Leuchtens. Doch so viel wenigstens kann ich mit Sicherheit als Ergebnis all meiner Experimente sagen, dass eine vollkommene Schau der Wahrheit nur die Folge völliger Verwirklichung von *Ahimsa* sein kann.

Um den allgemeinen und alles durchdringenden Geist der Wahrheit von Angesicht zu Angesicht zu schauen, muss man fähig sein, das geringste Geschöpf zu lieben wie sich selbst. Und jemand, der danach strebt, kann es sich nicht leisten, sich aus allen Bereichen weltlichen Lebens herauszuhalten. Deshalb hat meine Hingabe an die Wahrheit mich ins Feld der Politik getrieben. Ich kann ohne das mindeste Zögern sagen, dass, wer behauptet, Religion habe nichts mit Politik zu tun, nicht weiß, was Religion bedeutet.

Identifizierung mit allem, was lebt, ist unmöglich ohne Selbstläuterung. Ohne Selbstläuterung muss die Einhaltung des *Ahimsa*-Gebotes ein leerer Traum bleiben. Gott kann nie von jemandem realisiert werden, der nicht reinen Herzens ist. Selbstläuterung muss daher Läuterung bei allen Lebensschritten bedeuten. Und da Läuterung höchst ansteckend ist, führt die Läuterung von einem selbst zur Läuterung seiner Umgebung.

Doch der Weg zur Selbstläuterung ist hart und steil. Um vollkommene Reinheit zu erlangen, muss man völlig leidenschaftslos werden im Denken, Reden und Tun, muss man sich erheben über die gegenlaufenden Strömungen von Liebe und Hass, Zuneigung und Abstoßung. Ich weiß, dass ich in mir noch nicht diese dreifache Reinheit besitze, obwohl ich mich ständig um sie bemühe. Deshalb macht das Lob der Welt keinen Eindruck auf mich, verletzt mich vielmehr sehr oft. Herr über die feinen Leidenschaften zu werden scheint mir weit schwerer als die physische Eroberung der Welt durch Waffengewalt. Selbst nach meiner Rückkehr nach Indien habe ich Erfahrungen mit den schlummernden Leidenschaften machen müssen, die verborgen in mir liegen. Das Wissen um sie hat mir ein Gefühl von Demütigung gegeben, nicht aber von Niedergeschlagenheit. Die Erfahrungen und Experimente haben mich aufrechterhalten und mich mit großer Freude erfüllt. Doch ich weiß, dass ich noch einen schwierigen Weg vor mir habe. Ich muss mein Ich auf null herabsetzen. Solange ein Mensch sich nicht freiwillig als letztes seiner Mitgeschöpfe ansieht, gibt es kein Heil für ihn. *Ahimsa* ist die weiteste Grenze der Demut. (AB, S. 421 f.)

II Ein Talisman

Ich will dir einen Talisman mit auf den Weg geben. Wann immer du Zweifel hast oder dein Ich dir zu schwer wird, dann unterzieh dich folgender Prüfung: Halte dir das Gesicht des Ärmsten und Schwächsten vor Augen, den du je gesehen hast, und frag dich, ob das, was du tun willst, irgendeinen Nutzen für ihn haben wird. Wird er daraus irgendeinen Gewinn ziehen? Wird es ihm helfen, die Kontrolle über sein Leben und sein Schicksal wiederzugewinnen? Oder anders ausgedrückt, wird es den Millionen Notleidenden und geistlich Hungernden Selbstbestimmung ermöglichen? Dann wirst du erleben, wie deine Zweifel und dein Ich dahinschmelzen.

III Zeugnisse über Gandhi

Zukünftige Generationen werden es kaum für möglich halten, dass jemals ein solches Wesen aus Fleisch und Blut auf dieser Erde wandelte. *(Albert Einstein)*

Er steht für die Masse der Armen im ländlichen Indien; er ist die Verkörperung allen bewussten und unbewussten Wollens jener Millionen Menschen. *(Jawaharlal Nehru)*

Er stand an der Schwelle zu den Hütten Millionen Notleidender, gekleidet wie einer von ihnen, und redete in ihrer eigenen Sprache mit ihnen. In ihm war wirklich die lebendige Wahrheit und kein trockenes Bücherwissen gegenwärtig. Darum trägt er den Namen Mahatma, den ihm das indische Volk gegeben hat, zu Recht. Wer sonst akzeptierte so vorbehaltlos die Massen des einfachen Volkes als sein eigenes Fleisch und Blut? Als die Liebe an die Türen Indiens klopfte, da standen diese Türen weit offen. Auf Gandhis Ruf hin erblühte Indien zu neuer Größe, genauso wie zu jener Zeit, als Buddha die Wahrheit der Brüderlichkeit und des Mitgefühls mit allen lebenden Kreaturen verkündet hatte. *(Rabindranath Tagore)*

Während ich mich immer eingehender mit Gandhis Philosophie beschäftigte, begann meine Skepsis hinsichtlich der Kraft der Liebe allmählich zu verschwinden, und ich begann zum ersten Mal zu erkennen, dass die christliche Lehre von der Liebe, die durch Gandhis Gewaltlosigkeit in die Praxis umgesetzt worden war, eine der mächtigsten Waffen ist, die unterdrückten Menschen im Kampf um ihre Freiheit zur Verfügung steht. (*Martin Luther King*)

Mahatma Gandhis Leben und Beispiel haben die Werte der modernen Gesellschaft tief beeinflusst. Sie bleiben, auch noch hundert Jahre nach dem Beginn seiner Bewegung, eine Quelle der Inspiration für uns alle. In diesen schwierigen Zeiten heute haben sein Andenken und seine Botschaft nichts von ihrer Bedeutung eingebüßt. (*Muhammad Yunus*)

Zeittafel

1869	2. Oktober: Mohandas Karamchand Gandhi in Porbandar (Kathiawar) geboren
1882	Verheiratung mit Kasturba Nakanji
1888–1891	Jurastudium in London
1891	Rückkehr nach Indien, Rechtsanwalt in Bombay und Rajkot
1893	Entsendung nach Südafrika, politischer Führer der indischen Einwanderer
1894	Gründung der Natal Indian Congress-Party
1904	Wochenzeitung »Indian Opinion«
1906–1914	Organisation des passiven Widerstandes gegen diskriminierende Gesetze
1905	Brahmacharya-Gelübde (Keuschheitsgelübde)
1909	Gandhis erstes Buch erscheint: »Hind Swaraj« (Indian Home Rule), Briefwechsel mit Tolstoi
1910	Gandhi gibt seine Rechtsanwaltspraxis auf
1911	Feierliches Gelübde: Verzicht auf jedes Privateigentum
1914	Ausbruch des Ersten Weltkriegs, Rückkehr nach Indien
1915	9. Januar: Ankunft in Bombay, 20. Mai: Einrichtung des Sabarmati-Ashram in Ahmedabad
1919	Generalstreik gegen die Rowlatt Bill, die zur Inhaftierung ohne Verurteilung ermächtigt, öffentliche Wirksamkeit durch zwei Wochenzeitungen: »Young India« (in Englisch) und »Navajivan« (in Gujarati)
1920–1934	Gandhi führt als gewählter Präsident die Congress-Partei: gewaltloser Kampf gegen die britische Herrschaft, Zusammenarbeit mit den Moslems in der Khilafat-Bewegung
1922	Im März wegen Aufwiegelung zu 6 Jahren Gefängnis verurteilt
1924	Gandhi wegen Krankheit vorzeitig entlassen, fastet 21 Tage zur Versöhnung der Bevölkerungsgruppen
1925	Gandhis Autobiographie erscheint in wöchentlichen Fortsetzungen im »Navajivan«
1930	Im März/April »Salzmarsch« von Ahmedabad nach Dandi, Verhaftung und Inhaftierung bis zum 26. Januar 1931
1931	Abbruch der Kampagne des zivilen Ungehorsams, erfolglose Teilnahme an der 2. Round Table Conference in London
1932	»Fasten bis zum Tode« gegen getrennte Wahlen von Hindus und Unberührbaren

1933	Herausgabe des Wochenmagazins »Harijan«, Kampagne für die Unberührbaren (Harijans = Kinder Gottes)
1934	Gandhi legt die Führung im Congress nieder, aus dem er auch als Mitglied ausscheidet
1934–1939	Ausbau der Volksbewegung, Hauptquartier wird Sevagram bei Wardha in Zentralindien
1939	Ausbruch des Zweiten Weltkriegs: Gandhi ruft zum Boykott der Aufrüstung auf
1942	Gandhi fordert die völlige Unabhängigkeit Indiens, wird mit anderen Congress-Führern am 9. August verhaftet, während der Haft in Poona stirbt Kasturba
1944	Entlassung aus der Haft, Scheitern der Bemühungen um eine Verständigung mit der Moslem-Liga von M. A. Jinnah
1947	3. Juni: Verkündung der Teilung Britisch-Indiens in Pakistan und Indien durch den britischen Premierminister Clement Attlee, für Gandhi »eine geistige Tragödie« 15. August: Indien und Pakistan erhalten ihre Unabhängigkeit
1948	20. Januar: Bombenattentat auf Gandhi in New Delhi 30. Januar: Gandhi wird von dem Hindufanatiker Nathuram Godse in New Delhi erschossen

Quellennachweis

The Selected Works of Mahatma Gandhi. Volume Five. Selected Letters. Navajivan Trust, Ahmedabad, 1968. (SL)

The Selected Works of Mahatma Gandhi. Volume Six. The Voice of Truth. Navajivan Trust, Ahmedabad, 1968. (VT)

Mohandas K. Gandhi, Eine Autobiographie oder Die Geschichte meiner Experimente mit der Wahrheit. Verlag Hinder + Deelmann, Gladenbach, 10. Auflage 2013. (AB)

Mahatma Gandhi. Der Atem der Seele. Über Gottesliebe und Gebet. Hrsg. von Martin Kämpchen. Patmos Verlag, Düsseldorf 2006. (AS)

Sudhir Kakar. Die Frau, die Gandhi liebte. Aus dem Engl. von Karl-Heinz Siber. Deutscher Taschenbuch Verlag, München 2008. (Kakar)